UNE HISTOIRE DE FAMILLE

JENNIFER SCHWARZ

UNE HISTOIRE DE FAMILLE

ROBERT LAFFONT

ISBN 978-2-221-14049-9

À mes enfants

Les essais, les prises de paroles, les slogans sont une *machine de guerre* au service d'une vision du monde. Sociologues, anthropologues, juristes, psychanalystes, politiques, représentants religieux, polémistes, journalistes, tous ceux qui produisent du discours ont entre leurs mains une *machine de guerre.*

Je les ai beaucoup écoutés débattre de la famille. Je les ai entendus argumenter, théoriser, produire de la pensée, interroger nos modèles, nos représentations : Qu'est-ce que la filiation ? Comment concilier l'évolution de la science et de l'éthique ? Qu'est-ce qu'un père ? Qu'est-ce qu'une mère ? Qu'est-ce qu'un parent ? De quoi un enfant a-t-il besoin pour se construire ? Et apporter chacun *son expertise, son analyse, son point de vue.*

Je les ai tous beaucoup entendus discourir, parler de *ma situation*, de *ma famille*, de *mes enfants*. Poser sur elle et sur eux leurs mots, leurs diagnostics. Et construire quelque chose de la vérité de notre époque. J'ai entendu tant de choses que je me suis peu à peu senti la force de discourir à mon tour. Ou plutôt non, de raconter.

Les bruits de la rue au moment où je m'y suis penchée ont éveillé en moi quelque chose. Ça ressemblait à de la colère. J'ai essayé de ne pas trop lui prêter attention, j'ai essayé qu'elle ne fasse pas écran. L'essentiel était de laisser résonner en moi ces mots *famille*, *filiation*, *mère*, *père*, *parent*, *enfant* et voir où ils me menaient.

J'ai peu d'images de mon père. Peu de souvenirs volontaires ou qui surgiraient attirés par la ressemblance d'une minute identique[1]. Ce n'est pas que ce que nous avons été, lui et moi, ne m'importe pas. Mais plus sûrement que celle que j'ai été a disparu avec lui.

Ne me reste en mémoire que la maladie. Elle a régné pendant deux ans, nuit et jour, sur nos vies. Elle a conditionné notre rapport au temps et creusé un espace silencieux en moi. Sans cesse, elle s'est rappelée à nous, elle a saturé l'air de l'appartement, elle nous a forcés à cohabiter avec elle, à l'éprouver, par l'attention, les soins, les examens constants qu'elle réclamait, les adaptations permanentes qu'elle nécessitait.

1. Expression tirée d'une note que Marcel Proust rédigea dans la perspective de la publication du premier volume de *La Recherche.*

Chaque jour, elle s'est appliquée à nous faire perdre tout espoir de guérison. Chaque jour, elle s'est remise à l'ouvrage, elle a ôté à mon père ce qui avait fait de lui un homme : l'usage de ses mains, de ses bras, de ses jambes, de ses poumons. Son corps n'était plus qu'un tas de peau et d'os exposé sur un lit.

Au-delà de l'expérience de la maladie, c'est bien autre chose, de plus inattendu, que je retiens : la dissolution de nos liens. Il m'avait semblé jusque-là que nous, notre famille, n'étions qu'un seul corps, non par le sang qui coulait dans nos veines, non par la biologie, mais par une communauté de destin. Je n'avais que mes parents. Je ne me figurais pas la vie hors d'eux. Et maintenant, quelque chose d'une illusion disparaissait. La vie avait perdu son goût d'éternité.

L'illusion laissa place au mensonge. Nous n'avions jusqu'à ce jour caché ni nos corps ni nos sentiments, même les moins nobles. On ne s'était pas épargnés. On s'adorait, on se détestait, on se blessait. Désormais, il fallait jouer les uns les autres la comédie de l'espoir. Le mensonge était devenu une politesse nécessaire, qui s'était insinuée dans chacun de nos rapports, qui avait dénaturé nos liens. Plus les forces le quittaient, plus le corps médical feignait de croire que les choses allaient s'arranger. Certaines cultures aident à se tenir droit face à la mort. Ici, on gesticule. C'est l'ultime épreuve pour tous et l'on voudrait l'épargner à chacun. Pas encore, pas cette fois. Face à la maladie, nous croyons tous aux miracles.

Les médecins, on ne les voyait pas, ils n'étaient jamais là quand nous l'étions. Ils ne *traitent* pas avec les familles. Ils déléguaient. Sur ordre de sa hiérarchie, une infirmière secourable appliquait régulièrement de nouveaux protocoles de soins, dont je ne savais rien mais dont je savais tout : sa fonction essentielle était de rendre à mon père le présent moins insupportable. De le laisser *attendre* quelque chose. On lui donnait des anxiolytiques, des anti-inflammatoires, des pilules de toutes les couleurs et de toutes les tailles, on lui vidait les poumons à l'aide d'une machine obscène, on le massait, on l'étirait, on le pliait, on le dépliait, les bras, les jambes, le dos, la tête.

« Allez, monsieur Schwarz, encore un effort. »

Il fournissait celui de sourire quand on le promenait en chaise roulante. Quand on lui faisait prendre l'avion, traverser des océans pour tester un nouveau traitement, aussi inopérant que le précédent. Il revenait plus impuissant qu'il n'était parti, plus isolé. Mais il souriait encore. Il faut garder la certitude de pouvoir se relever pour vivre. Les médecins avaient beau promettre une guérison, la sclérose lui disait chaque matin : *Éric, tu ne te relèveras pas.* Il souriait encore. *Il acquiesçait.* Il ne parlait pas de sa maladie, même de façon ténue ou indirecte. Je crois qu'il ne voulait pas nous décourager. Mais il savait que nous étions tous trois en train de mourir pour la première fois.

Le malheur est un secret honteux. Le monde extérieur avait pris ses distances. Il parlait de nous. Il bruissait. Il questionnait. À distance. Il ne s'invitait plus. Seule l'imagination peut me rendre cette réalité présente : dans son lit d'hôpital, mon père passa ses dernières heures sans la moindre visite d'un être aimé. Il avait atteint sa limite de souffrance, il mourut seul et de lui-même. Aucune communauté de destin ne nous liait plus.

L'annonce provoqua un fracas de verre. Elle éparpilla en nous ses débris invisibles. Les vitres, les rideaux des fenêtres du salon, de la chambre, les armoires, la boîte à cigares, le meuble chinois. La maison entière portait le deuil. Personne ne s'y trompait. Ses nombreux amis, les membres de sa loge, ses collègues, sa sœur, tous l'ont enterré puis ils ont disparu pour toujours.

Disparue, rompue aussi la communion, l'alliance scellée entre ma mère et moi – depuis le commencement –, la joie d'être l'une à l'autre dans la parenthèse d'un après-midi, d'un soir, d'un week-end, où il arrivait à mon père d'être retenu ailleurs. Au printemps et à l'été, en son absence, nous dressions la table sur le balcon qui surplombait la ville, comme pour un jour de fête. Je connaissais intimement ce paysage : la chaîne du Jura à ma gauche, sa teinte uniforme, sa densité, ses courbes qui déchiraient le ciel, son étendue infinie. Elle formait une barrière de protection naturelle contre toute forme d'envahissement, de changement. Elle serait là, toujours. À ma droite, un horizon plus inquiétant émergeait au-delà du garde-fou de béton. Il se transformait selon le temps, la température de l'air, la pollution, l'heure à laquelle nous fixions notre attention. Les jours clairs, nous pouvions distinguer le mont Blanc et les montagnes plus modestes qui toutes s'échappaient vers lui, s'échappaient comme lui de la Terre.

On dressait donc la table, sur la grande nappe blanche, dans cet environnement dont nous semblions être, par la magie des distances, à la hauteur, dont nous pouvions même nous imaginer les seules invitées, ma mère et moi. *Le père* n'était pas là. Je pouvais croire qu'elle et moi appartenions à ce spectacle et me réjouir de partager bientôt l'espace du salon allongée à ses côtés, dans une semi-torpeur, sur le canapé beige. Seul le sommeil me séparerait d'elle.

Nous n'avons plus étendu la nappe blanche. L'appartement a été loué par d'autres, et nous nous sommes retrouvées dans un lieu conforme à notre déclassement social, aux ambitions de vie plus ordinaires de ma mère, à ses goûts plus modestes. L'absence de mon père devenait notre prison. On ne riait plus, ma mère ne me parlait pas. Ni de la maladie, ni de la disparition, ni de la suite. Désormais aucun mouvement ne la portait plus vers moi. Rien pour me rassurer, rien pour m'envelopper. On avait gardé les meubles, le chat, les photos, les tableaux ; pourtant la maison était vide. J'appartenais encore à ces souvenirs, à ce temps passé, tandis que les habitudes avaient disparu.

Ce n'était pas un deuil, c'était un non-sens. Notre famille était morte en même temps que lui. L'illusion, c'était d'avoir cru que rien ne l'abîmerait ni ne l'empoisonnerait jamais. Brusquement, brutalement, le réel nous montrait sa sale figure. Je devais apprendre à perdre. *Comme est inscrite, en germe, la vie d'une plante dans la graine que l'on met en terre, la fin à venir est ancrée là, dans le présent*[2]. Je le sentais confusément : on ne domine jamais les événements, et tout ce qui a existé, mais qui n'a pas été écrit, peint, chanté, sculpté pour trouver un écho universel, finit par disparaître. J'aurais aimé être poète pour couvrir de mots la mémoire de mon père, pour faire quelque chose des fragments qui le constituaient. Mais j'étais incapable de créer.

2. Nicolas Grimaldi, entretien avec l'auteur, *Le Monde des religions*, n° 50.

À vingt ans, j'ai décidé de m'extraire des lieux de mon enfance. Il y avait bien trop longtemps que je traversais ces rues, que j'occupais ces places de cinéma, ces parcs, ces bus et ces tramways. Je détestais cette ville. Elle m'aspirait dans des mondes perdus : *Tu te souviens, là ?* Elle me ramenait sans cesse à ce qui n'était plus, à ce qui avait disparu irrémédiablement. Elle n'avait plus rien à me dire sinon ce que je voulais oublier un peu : la vie est *féroce*. Je voulais enterrer ce mot et avec lui la *tristesse* et l'*angoisse*. Les remplacer par l'*apaisement*, la *joie*, la *vitalité*, la *réussite*. Pour les trente prochaines années, au moins.

Je voulais m'imaginer autre, jouer davantage. Je choisis une ville qui pouvait tout m'apprendre. Où il serait question d'altérité, d'apprentissage, d'étonnement. Au commencement, Paris n'est pas accueillante. Paris n'est pas tendre. Paris brutalise. Au commencement, il faut tout accepter d'elle : on visite ses appartements minuscules et chers, on emprunte son métro aux entrailles sales et puantes. On se noie dans sa foule, indifférente. On n'a envie de rien, le cœur à rien, un cafard qui dure des mois entiers. On croit qu'on ne tiendra pas. On pleure le soir dans son lit.

Mais un matin, Paris donnera tout : ses avenues et ses cafés, ses bars et ses parcs, ses lumières, sa chaleur et ses odeurs. Sa vitesse, ses percussions, son émulation. Un matin, on oublie l'infortune. On sait que Paris nous a choisi. Vite, très vite, on est soi-même aspiré dans le flux des rencontres, dans la multitude, la horde de conquérants ; et on finit par arracher un premier contrat, un premier salaire. On finit par rencontrer des gens qui deviennent des amis. Vite, toujours plus vite. Vivre à Paris quand on n'a pas d'enfants, c'est vivre dans un flot continu d'événements.

Tant mieux. Il ne fallait pas de temps mort. Il fallait arracher la page familiale. Il n'y avait plus rien à faire à Genève. Il fallait échapper à cette ville, à cette vie qui s'était, sans que je sache pourquoi, lentement laissé dominer par *la force du destin, où la destruction et la mort avaient fini par avoir raison de tout*[1], comme dans une tragédie antique. J'avais la hantise de devoir repartir, de retomber. C'est comme ça que je suis devenue journaliste, par nécessité. Pour devenir autre, pour éviter les temps morts, pour éviter de me retourner.

Au début, j'ai aimé l'idée que les médias forment une corporation. Une communauté où les personnalités sont fortes. C'est un monde endogame, qui ressemble à celui des enseignants. On se marie souvent entre journalistes, on fréquente des journalistes. Si l'on n'est pas *fils de*, alors il faut être adopté. C'est par une sorte de parrainage à forte charge affective qu'on sera choisi, qu'on aura accès à tout un réseau de pouvoir et de transmission des savoirs, tandis qu'un autre sera laissé sur le carreau.

Je ne suis pas entrée dans une famille, j'ai néanmoins été adoptée. La vie était de retour. Et déjà elle me présentait des illusions nouvelles : celle de ma singularité, de mon retranchement. Je croyais que la multiplicité des échanges intellectuels pouvait indiquer une voie. Je fréquentais des gens, je construisais un *réseau*, je me croyais une réalité, une substance, quelque chose qui

1. Catherine Chalier, *Présence de l'espoir*, Le Seuil, 2013.

existe pour soi-même et en soi-même. J'entrais dans le monde de la représentation. Mon statut me protégeait, me valorisait, j'apprenais et je me dispersais. Rien ne durait vraiment. Une figure, un personnage effaçait l'autre.

Jusqu'à Jean.

J'ai dans le cœur, les yeux et les mains le premier instant de mon premier mouvement vers lui : j'ai touché son crâne, ses cheveux alors même que ses poumons n'avaient pas encore inspiré leur première bouffée d'air. C'était mou et moite. Et puis il a serré mon doigt, sa première intention, son premier ancrage sur terre. Je n'oublie rien. Je portais une chemise claire Oxford, un gilet gris ; il neigeait derrière les fenêtres de l'hôpital Foch lorsque je lui ai mis son premier vêtement, lorsque je lui ai donné son premier bain. L'accouchement avait été sans douleur, rapide. À présent qu'il était né, j'en étais responsable.

Deux jours plus tard, nous avons pris la route de la maison, tous les trois. Il neigeait toujours. Je traversai lentement le bois de Boulogne recouvert de fines particules de neige. C'était un jour de décembre. On aurait dit que la nature goûtait l'hiver. Et il avait un goût unique. Une vie nouvelle commençait dont nous ne serions plus le centre, si ce n'est par éclipses. J'étais prête.

Le lendemain matin, nous avons descendu la rue de Sèvres sous le soleil et la neige pour rejoindre, comme souvent, le Roi du Café. Tout était différent depuis que Jean dormait près de nous dans sa nacelle. Son souffle, comme le nôtre, formait à chaque expiration une buée légère. J'oubliai la rengaine des grandes villes le samedi, le vacarme, la foule, les odeurs indigestes. J'oubliai que *le malheur des hommes vient d'une seule chose, qui est de ne pas savoir demeurer en repos, dans une chambre*[2]. Marcher dans Paris était nouveau, on regardait ses rues, ses immeubles et sa lumière pour la première fois. Souvent, nous nous devons d'être quelque chose ou quelqu'un. Ce matin-là, je n'étais plus quelqu'un, j'avais simplement conquis ce droit d'*être.* Je respirais ce nouvel état, je l'éprouvais. Marcher dans Paris ne m'était plus indifférent. Je souriais. Nous étions, inconditionnellement. Nous étions ce même mouvement, ce même corps qui marchait sur les trottoirs de Paris. Et, pourtant, cette union entre nous trois n'était pas le fruit d'un miracle génétique. Ce n'était pas non plus le fruit de la rencontre

2. Blaise Pascal, *Les Pensées*, 1662.

charnelle entre un homme et une femme. C'était avant tout le fruit d'un amour entre deux femmes qui avaient eu recours à quelqu'un pour engendrer la vie. C'est Lucie qui avait porté Jean et tout se passait comme si sa naissance nous faisait naître *tous les trois.* C'était un changement radical, instantané, qui ne laissait plus réellement souvenir d'un avant.

Mais on ne renonce pas aussi facilement au modèle, celui que chaque parent, ou presque, imagine encore être le seul pour ses enfants. Cela prend du temps. On m'avait dit qu'il ne fallait pas confondre persévérance et obstination. Longtemps, je me suis obstinée.

Mon enfance avait pris fin lorsque j'avais onze ans. La structure familiale avait éclaté, je n'avais pu rien lui prendre, rien lui rendre, rien lui enlever. J'ai traversé l'adolescence sans tuteur, hors de toute transmission, sans digues autres que celles de l'école. À quinze ans, je ne m'étais pas posé la question de la maternité, du regard extérieur, du regard de la mère, d'un quelconque rejet possible. J'avais vécu cette attirance non exclusive mais plus absolue pour les filles de mon âge comme quelque chose de beau, l'expression d'une singularité, une différence qui avait été distinguée. Et, comme plus tard d'ailleurs, je ne me déterminais pas en fonction de ma sexualité. C'était l'adolescence. Tout était permis. Nous voulions sortir des attentes impuissantes de l'enfance. Nous rêvions beaucoup et nous étions curieux de tout, surtout de l'amour : s'émouvoir, se rencontrer, découvrir d'autres corps, voilà ce qui nous tenait. On ignorait tout. On ne se jugeait pas. On ne jugeait pas nos orientations sexuelles. On ne jugeait pas nos milieux sociaux différents. Pas non plus nos réussites, nos échecs scolaires. C'était notre capacité à affirmer un caractère qui comptait. Un talent. Des intentions esthétiques. Nos identités étaient encore troubles et nous faisions corps hors de toute norme, de toute représentation sociale, dans cet envol vers l'espace de la poésie et des sens. Les amitiés n'avaient pas les limites qu'on leur pose en vieillissant. On ne cachait rien, on gardait peu. On aimait décrire les scènes, décortiquer les sentiments. On y passait des après-midi, des nuits. Je racontais comment j'avais croisé Julia pour la première fois.

« Dans l'escalier de l'aile B, tu sais, entre le premier et le deuxième étage, elle ne m'a pas regardée. Elle se cachait derrière ses cheveux, dans son blouson en cuir. Elle avait la peau blanche et un parfum. »

Je racontais à mes amies ce parfum, comment *tout en elle m'attirait, me demeurait mystérieux*[1].

J'étais d'abord amoureuse d'un reflet, débordante d'envie d'aller au-delà des images et des idoles de l'adolescence. J'étais émue par la beauté de son corps, je désirais la voir nue. Pour la première fois, j'avais envie d'intimité avec quelqu'un.

Objets inanimés, avez-vous donc une âme qui s'attache à notre âme et la force d'aimer[2] ? Je racontais aux murs de ma chambre, aux murs qui se souviennent. Je leur disais comment, quelques mois plus tard, elle m'avait embrassée par surprise sur la banquette d'un bar sombre et douteux ; comment elle avait fait tomber une barrière en un baiser, qui maintenant me privait de sommeil, me hantait, m'interpellait : *est-ce moi qui ai fait de toi un être désirable ?*

Oui, c'était aussi simple que ça.

Oui. Et non. Car *du rassasiement des désirs peut naître, accompagnant la joie et comme s'abritant derrière elle, une sorte de désespoir*[3]. Un champ de forces opposées, de vents contraires nous constituent et nous malmènent. Le jour, je découvrais

1. André Gide, *Les Faux-monnayeurs*, Gallimard, 1925.
2. Alphonse de Lamartine, in *Harmonies poétiques et religieuses*, 1830.
3. André Gide, *Les Faux-monnayeurs, op. cit.*

ma nature, et l'amour, il n'avait pas de sexe, il avait un visage, celui de Julia. La nuit, c'est la littérature que je rencontrais. Je lisais beaucoup. Je m'accrochais à elle comme à une corde qu'il ne faut pas lâcher, parce qu'on sait qu'en la tirant quelque chose de neuf à quoi on ne s'attendait pas va survenir. Grâce aux livres, il y avait quelque chose dans ma vie plutôt que l'école, quelque chose plutôt que la vie réglementaire. L'école n'est pas comme l'université, un espace où la transmission repose sur le désir et ouvre à la pensée, où, derrière la complexité, quelque chose de simple et d'aérien apparaît : sa propre intuition. L'école est une maison de redressement. On y découvre la contrainte et la communauté. À ces âges nous voulons tous être des *anges aux figures sales*, bafouer les règles, mettre notre vie en jeu. L'école nous prend par le col pour nous lessiver au savon de Marseille, elle nous apprend les probabilités, la grammaire allemande, la chimie, le commentaire composé, le volley-ball, la discipline, la ponctualité. C'est une cuisine souvent indigeste dont il faut manger chaque cuillerée les coudes sur la table en bâillant, pendant ces années interminables.

Mais le soir, je passais une heure, deux heures avec ceux de mon âge, puis j'allais retrouver la solitude de ma chambre. Couchée dans mon grand lit qui symbolisait pour moi l'âge adulte. *Maintenant j'ai un grand lit.*

Sur mes draps que j'avais voulus en coton noir, je fumais des cigarettes, j'écoutais Barbara, les Pink Floyd. Et je lisais, la fenêtre ouverte sur la terrasse et le ciel. C'était à chaque fois un voyage, une pause dans l'univers fini. Je montais une à une les marches de mon esprit, je traversais ses barreaux de fumée et je me désincarnais. J'aimais cette ubiquité, que ni le temps ni l'espace n'abattent plus leurs griffes sur ma misérable vie de lycéenne. C'est comme ça que j'ai rencontré le christianisme. C'est dans mon grand lit aux draps noirs que j'ai découvert le destin tragique et magnifique d'un curé de campagne aux prises avec ses démons et ceux des autres[4], que j'ai été émue par le renoncement très catholique de la comtesse nommée Blanche[5] qui mourut de vertu, puis par les tourments sentimentaux d'une très chaste épouse en proie à la passion[6]. Tous ces personnages incarnaient sans que je le sache les valeurs de la religion chrétienne. Ils les malmenaient. Ils portaient en eux mes paradoxes. Un idéal divin, gratuit, inconditionnel, en contra-

4. Georges Bernanos, *Journal d'un curé de campagne*, Plon, 1936.
5. Honoré de Balzac, *Le Lys dans la vallée*, 1836.
6. Pierre Choderlos de Laclos, *Les Liaisons dangereuses*, 1782.

diction avec l'amour humain et qui les poussait à vouloir renoncer aux foudres du désir. Ils auraient voulu s'installer dans la pure verticalité mais quelque chose *résistait.* Ils étaient la tentation, la culpabilité, le sacrifice. Ils me passionnaient. C'est à travers eux que j'ai touché l'*empathie*, l'universel en moi. Ils manquaient de légèreté parce qu'ils n'étaient que des êtres de papier mais ils étaient des maîtres, ils me parlaient de ce qui nous est commun, des querelles de ma scène intérieure, des caprices du corps auxquels on voudrait échapper, de mes humeurs, de mes débordements. Ils ouvraient une brèche sur la complexité du monde.

À Paris, l'enfance et l'adolescence se sont vite effacées. Il fallait muer, entrer dans ce monde-là, ne plus le regarder par le trou de la serrure. Paradoxalement, l'école privée catholique (qui n'avait de catholique que le nom) m'avait offert une liberté d'être totale que je ne retrouvais plus dans l'école de journalisme parisienne que j'avais intégrée. J'étais visiblement la seule fille à avoir connu cette expérience-là, cette sensualité étrange.

Je croyais que je devais mon admission à la chance, au hasard, un peu à mon audace aussi – la seule qualité que je me reconnaissais. Je détestais l'élitisme français. Les étudiants avaient vieilli vite. Ils singeaient déjà leurs aînés. Ils n'étaient pas lisses mais satisfaits. Les filles étaient souvent très belles. Tous, ils semblaient ne pas être là par hasard. Ils étaient *légitimes*. Je craignais d'être démasquée. Je n'étais pas des leurs. Ils étaient le fruit d'une éducation et d'une transmission. Ils savaient d'où ils venaient, ce qu'ils devaient à leur milieu. Et ils se disputaient les places comme on leur avait appris à le faire. Ils se transformaient en concurrents et nous nouions de drôles d'amitiés, intenses mais circonstancielles, aussi fortes qu'éphémères. Je ne cherchais aucune place, je cherchais des âmes sœurs et j'étais de plus en plus portée par un désir de conformité, d'identité, de normalité, d'intégration. Mes nouveaux amis n'avaient plus rien à voir avec ceux du passé. Ils étaient *dans la course*. Je renonçais à ce que je voyais désormais comme une infirmité. Le signe de ma fêlure : les femmes.

Mais j'avais beau regarder partout ailleurs, je ne voyais qu'elle. Claire.

Un jour que nous finissions de préparer une émission de radio, j'ai voulu lui dire que j'aimais son timbre, son débit. « Tu as une très belle »... je pensais « voix », j'ai dit « bouche ».

« Claire, tu as une très belle bouche. »

Claire, elle n'était pas seulement belle. Tout en elle était sublime et je ne voyais que cela : un esprit parfait dans un corps parfait. Si seulement elle n'avait été ni drôle ni vive, dénuée de repartie et d'intelligence, j'aurais peut-être réussi à me décentrer de cette enveloppe tout en mouvements suaves et délicats.

Pour trouver ce que vous voulez, il suffit de voir ce qui vient continuellement sans que vous le cherchiez. C'est cela que vous voulez véritablement, écrit Swami Prajnanpad. Je ne voyais toujours pas. J'ai passé deux ans à me retenir de tout avec elle. Personne ne me l'avait demandé, pas même elle. Non, c'était une exigence minimale que je me fixais. La douceur de l'adolescence avait été une parenthèse. Désormais, je réorienterais mes désirs. Je me redresserais. Je me hisserais.

Je cherchais des maîtres en renoncement. Dans la lignée des figures romanesques de l'adolescence, je lisais saint Jean de la Croix. Il me parlait de la nuit des sens et de la nuit de l'esprit qu'il me fallait traverser pour approcher Dieu. J'avais vingt et un ans et *plusieurs visages parce que j'étais jeune et que je ne savais pas moi-même qui j'étais et qui je voulais être*[7]. J'empruntais la cartographie des autres pour explorer mes propres territoires. Par goût pour les idées, je me familiarisais aussi avec une grille de lecture conservatrice du monde.

---

7. Milan Kundera, *La Plaisanterie,* Gallimard, 1968.

Je m'étais plongée par hasard, puis avec un intérêt particulier, dans tout un courant de pensée porté en France par un conglomérat de psychanalystes médiatiques, de biblistes et de philosophes si horrifiés par les dégâts du capitalisme qu'ils en étaient venus à vouloir sa peau. Avec leurs armes théoriques et rhétoriques ils cherchaient à identifier cette hydre monstrueuse, la modernité et sa course effrénée vers une liberté individuelle toujours plus affirmée.

Toute cette « littérature » psychanalytique et philosophique exprimait une inquiétude vive et profonde qui a infusé depuis dans la société française : le libéralisme économique, disait-elle, a entraîné son pendant sociétal, la libéralisation des mœurs, des passions et des pulsions. Ils nous prévenaient : plus ce projet triomphera, plus nous assisterons à la mise en place d'un monde *pulsionnel, grandement désymbolisé, destructeur de l'être-ensemble*[8]. Leur discours questionnait les hommes qui font l'histoire mais qui ne savent pas ce qu'ils font. Il était essentiellement porté par des hommes. Parmi eux, le philosophe Dany-Robert Dufour, les psychanalystes Charles Melman et

8. Dany-Robert Dufour, *Le Divin marché*, Denoël, 2007 ; *La Cité perverse*, Denoël, 2009 ; *L'individu qui vient... après le libéralisme*, Denoël, 2011.

Jean-Pierre Lebrun. Ce dernier avait notamment cosigné un livre d'entretiens avec le bibliste André Wénin. Ensemble, ils étaient allés piocher dans la littérature biblique pour se porter secours et tenter de faire résonner les plus beaux textes de la Bible avec les concepts de la psychanalyse. Toute cette réflexion autour d'une nouvelle barbarie avait donc suscité des alliances hétéroclites, fait émerger des voix qui toutes étaient en réalité obsédées par la chute du patriarcat, nostalgiques de cet ordre-là, inquiètes devant la menace d'une disparition de l'altérité fondatrice, de cette perte d'autorité, de référence à un autre (le père) dont il y aurait lieu de se différencier et de s'affranchir pour être humain. En dehors de ces repères, nous risquions de nous transformer en éternels adolescents, en *pervers ordinaires*[9], vivant dans l'indifférenciation (des places, des sexes, des générations), dans une illusion d'immédiateté, où le désir prendrait le visage hideux de la jouissance sans entraves.

C'était un diagnostic morne qui réduisait le sens du mot famille. Il ne portait en lui ni la beauté ni le souffle que j'avais trouvés plus jeune dans la vraie littérature, elle qui sait questionner,

9. Jean-Pierre Lebrun, *La Perversion ordinaire, vivre ensemble sans autrui*, Denoël, 2007.

partager, ébranler, mais ne cherche pas à moraliser, à convaincre.

Du haut de leur réflexion, de leur clinique, ces intellectuels prédisaient rien moins que la destruction de l'homme. Comme d'autres avant eux avaient exclu les handicapés, les fous, les malades, les étrangers, les femmes, les Juifs, ils avaient leurs coupables, *cette jeunesse déstructurée*, qu'ils excluaient de la communauté à laquelle ils souhaitaient continuer d'appartenir. C'est ainsi que je le vivais. Ils ne questionnaient plus la tentation, la culpabilité, notre culture ; ils accusaient.

Ces lectures ne me faisaient pas du bien. Je trouvais ces hommes gris et malheureux, trop malheureux pour apporter au monde autre chose qu'un peu plus de dépression. Mais ils touchaient une faille, un point vulnérable, aveugle en moi. Je n'avais plus de père, j'étais attirée par le sexe *faible*. Je ne serais jamais comme eux. Tant de femmes me le rappelaient qui semblaient me regarder comme un être étrange. Ou bien était-ce seulement moi qui me sentais différente, qui me sentais dissonante, qui savais qu'il y aurait toujours un hiatus entre leur féminité et la mienne ? Que je ne serais jamais leur amie parce que j'étais incapable de les regarder d'abord avec ces yeux-là. Je voulais me convaincre que ces femmes sûres de leur féminité avaient raison : on devenait femme grâce au désir des hommes. Il existait un modèle de féminité en dehors duquel on était moins qu'une femme.

Une éternelle adolescente, oui, une perverse.

Je vivais, j'explorais ce modèle, cette altérité sexuelle. J'ai aimé. Une fois, peut-être deux. Des hommes plus âgés, qui n'étaient plus dans une urgence, dans un désir vibrant de fonder une famille.

Mais ça ne suffisait pas, je restais dissonante.

Tu es méfiante, quelque chose en toi résiste. Viens, rapproche-toi.

Mes amies se projetaient naturellement dans la maternité. J'étais incapable de voir à l'horizon de mon amour la construction d'une famille, *des enfants.* Je paniquais dès que je croyais entendre : « J'ai envie de vivre avec toi. »

Je menais une danse toujours plus instable, plus chaotique. Je devenais toujours plus dissonante.

« Il me semble que tu fais fausse route », me disaient mes amis.

Je n'entendais pas. Je continuais.

Plus personne n'osait vraiment me questionner.

Un peu comme ceux parmi les immigrés, ou enfants d'immigrés, qui ont eu à souffrir d'une assimilation forcée, à mesure que je perdais contact avec cette part essentielle de moi-même, cette part que je me refusais, je me radicalisais, et voulais imposer aux autres ce que je m'étais imposé. Lors d'un dîner, en présence de mon meilleur ami Daniel, d'un couple de son entourage, de leur fils de deux ans et de sa grand-mère maternelle, je me souviens avoir abordé la question de la filiation des couples homosexuels. J'employais un ton volontairement indifférent : « C'est l'un des symptômes de ce nouvel ordre. Les homosexuels ne veulent accepter aucune limite. Je ne suis pas d'accord. Lorsque l'on a choisi d'être avec quelqu'un du même sexe, on en accepte les conséquences, les limites. On ne fait pas d'enfants. On ne peut pas tout avoir. »

Même si je ne militais pas contre le Pacs, l'avortement et la contraception, je me laissais aller, sans trop élaborer, à un schéma naturalisant faisant de la fécondité sexuelle le pivot de ma définition de la famille. La grand-mère avait applaudi. Daniel et ses amis s'étaient tus. Je sentais le chagrin et la violence se mélanger en moi. Leur bonheur me broyait. Il était un miroir insupportable. Je voulais absolument des enfants. Et je ne sais par quel jeu de mon inconscient, j'étais là, face à ce couple, face à cette famille qui n'avait rien demandé, à interdire à d'autres en même temps qu'à moi-même d'en avoir.

Le dîner était fini. La maison se situait tout au bout d'une longue route en altitude qui s'éteignait aux pieds de notre village. Au loin, on pouvait apercevoir des bergeries éclairées, reliées par des sentiers de montagne. Daniel et moi avons laissé nos hôtes vers minuit. Nous avons emprunté le chemin pour rejoindre la maison que nous avions louée tous les deux pour la semaine, nous avons traversé les ruelles du village, silencieuses et glacées en cette fin d'été. J'ai résisté pendant de très longues minutes à mes larmes. Je voulais être seule. J'ai ouvert la porte de ma chambre. Et je suis tombée sur mon lit comme je serais tombée de moi-même, dans un long sanglot. J'ai passé la nuit ainsi à veiller celle que j'avais été pendant toutes ces années, traversée par des souvenirs. Je revoyais tous ces garçons qui avaient voulu m'aimer, que j'avais déçus, heurtés, blessés, chez qui j'avais suscité tant de dépit ; ces escaliers que j'avais montés pour rejoindre leurs lits et me coller à leurs corps contre lesquels je m'étais souvent sentie froide. Comme je m'étais maltraitée. Pour faire plaisir à qui ? Je retrouvais ces amitiés trop intenses, trop électives, trop exclusives avec des filles de mon âge, ces nuits blanches à leurs côtés, à étouffer un geste, une caresse, un mot d'amour, à attendre désespérément que le jour dissipe la nuit.

Cette nuit-là, dans ce village qui était aussi une impasse, ma résistance a pris fin. J'ai renoncé à me trahir plus longtemps. J'ai renoncé aux discours qui amputent et qui blessent.

Les idéologies sont, comme souvent ceux qui les portent, négatrices de vie. Il faut travailler à soi-même pour être vermifugé contre elles, imperméable à toute vision du monde voulant frapper l'opinion au coin du bon sens, à tout système de pensée clos, et par essence malade. Ne vouloir convaincre personne de rien. Il faut être un processus, vibrer de ses paradoxes, accepter que rien ne va *sans des cavernes, des antres, des abîmes*[1] et que, de toute façon, nous n'aimerions pas ça non plus, une surface uniformément lisse. Il s'agit *de vivre sans appel* et de *mourir irréconcilié*[2].

Dans le débat sur la filiation qui a passionné notre pays pendant une très longue année, cette réflexion autour de *la perversion ordinaire* a été

1. Albert Camus, *L'Homme révolté*, Gallimard, 1951.
2. *Ibid.*

reprise et instrumentalisée par toute une mouvance catholique en mal de récit, de discours et d'existence. Je dis une mouvance catholique, parce qu'elle est aujourd'hui la plus visible mais elle n'est pas la seule à effectuer des emprunts. Représentants juifs, chrétiens, musulmans et bouddhistes partageaient, à quelques exceptions près, ces discours anthropologiques, psychanalytiques, parce qu'ils ne pouvaient pas, à l'évidence, puiser dans leurs propres matrices, leurs seules écritures, pour éclairer le débat. Ces écritures condamnent toutes non l'homosexualité – concept qui date du XIXe siècle – mais une pratique. Ce ne sont d'ailleurs pas tant les rapports sexuels entre femmes qui les préoccupent que ceux dont se rendent coupables les hommes. Le fait de coucher avec un autre homme est décrit dans le Lévitique ainsi que dans une sourate du Coran [3] comme *une abomination.* On sait les supplices qui ont par la suite été imaginés par exemple dans la Mishna [4], ou pratiqués au sein des sociétés chrétiennes [5] et

3. Une trentaine de versets répartis dans sept sourates évoquent la *Liwât* (homosexualité masculine).

4. Source rabbinique.

5. Les empereurs chrétiens comme Théodose le Grand (IVe siècle) ou Justinien (Ve siècle) appliquaient la peine de mort contre ceux qui étaient suspectés de pratiques homosexuelles. Lire Aurélie Godefroy, *Les Religions, le sexe et nous*, Calmann-Lévy, 2012.

musulmanes pour punir les « pécheurs » : flagellation, lapidation...

Aujourd'hui, il est interdit de violenter, d'insulter ou même de dénigrer *les personnes* sous peine de lourdes poursuites judiciaires. Seuls les actes peuvent être condamnés et le sont par nos représentants religieux, juifs ou chrétiens essentiellement, au nom d'une vision très spécifique de l'altérité : le modèle d'altérité fondé sur la rencontre de l'homme et de la femme calqué sur la Genèse.

Dieu créa l'homme à son image. Homme et femme, il les créa. (Genèse 1 :27) [6]

La Bible utilise à plusieurs reprises le mot *Toeva,* souvent traduit par « abomination », toujours pour désigner ce qui semble être un effacement de frontières, ce qui semble rompre l'obligation de la séparation, cet impératif juif de catégorisation, de nomination des choses, de netteté, de pureté, sans lequel s'installerait la confusion, synonyme de chaos.

Ne cohabite point avec un mâle, d'une cohabitation sexuelle : c'est une abomination. (Lévitique 18 :22)

---

6. Bible de Jérusalem, Desclée de Brouwer, 2011. Toutes les autres citations de la Bible présentes dans cet ouvrage sont extraites de l'édition intégrale hébreu-français, traduction par les membres du Rabbinat français sous la direction du Grand-Rabbin Zadoc Kahn, Éditions Sinaï, 1994.

Tu ne mangeras d'aucune chose abominable. (Deutéronome 14 :3)

Dans le même esprit : *Une femme ne doit pas porter le costume d'un homme, et un homme s'habiller d'un vêtement de femme, car l'Éternel, ton Dieu, a en horreur quiconque agit ainsi.* (Deutéronome 22 :5)

Nos représentants religieux intiment donc à chacun de tracer des frontières claires, de refouler ses ambiguïtés, d'accepter son identité sexuelle, la différence et la complémentarité physique, morale et spirituelle des êtres humains, « créés » *hommes et femmes.* Sans cela ? Pas d'édifice humain, pas même d'être humain, la définition de l'être humain n'étant perceptible que *dans la conjonction des deux sexes*[7]. C'est en s'appuyant sur ce principe que certains se sont battus pour la défense d'une certaine idée du *mariage civil* calquée sur le mariage religieux, soit l'union de l'homme et de la femme en vue de la procréation.

7. « La Genèse ne voit la ressemblance de l'être humain avec Dieu que dans l'association de l'homme et de la femme (Genèse 1 : 27) et non dans chacun d'entre eux pris séparément. Ce qui suggère que la définition de l'être humain n'est perceptible que dans la conjonction des deux sexes. Car chaque personne, du fait de son identité sexuelle, est renvoyée au-delà d'elle-même », in Gilles Bernheim, *Mariage homosexuel, homoparentalité et adoption, ce que l'on oublie souvent de dire,* document PDF disponible sur Internet.

Longtemps, notre Code civil, le Code Napoléon, modelé sur le mariage catholique [8], s'est fait le garant de ces impératifs dits *naturels* assignant les hommes et les femmes à des rôles différents (et inégaux) dans la famille et dans la société. Il n'était pas l'expression d'un contrat entre deux personnes. Il se voulait au contraire l'instrument de réalisation d'un impératif établi par la nature, lui conférant une finalité bien précise : la mise au monde d'une progéniture. *En se mariant,* écrivait Jean-Étienne-Marie Portalis – l'un des rédacteurs du Code civil –, *la femme devient mère*[9]. Et l'homme un père légitime. Que l'on s'en réjouisse ou qu'on le regrette, le mariage met aujourd'hui au centre *une autre histoire* : la volonté, le *lien conjugal,* électif, les relations entre les individus qui forment la famille [10]. Et il se garde bien d'assigner des rôles et des statuts à chacun des sexes. C'est le résultat d'un lent processus historique, du douloureux combat des femmes pour disposer de leur corps, pour accéder à l'égalité sociale dans le mariage, la vie de famille, la vie professionnelle et

8. Le mariage catholique a trouvé lui-même sa forme définitive aux XIIe-XIIIe siècles.

9. Cité par Danièle Hervieu-Léger, entretien avec l'auteur, *Le Monde des religions*, n° 58.

10. *Ibid.*

politique. Je veux bien croire à la puissance de nos *schèmes de pensée,* mais comment tant de femmes et d'hommes que j'ai vus descendre dans la rue ont-ils pu oublier cette lutte millénaire, l'histoire en marche ? Comment n'ont-ils pas compris que le mariage entre personnes de même sexe s'inscrivait dans ce prolongement ? Que leur combat pour un mariage civil assignant à chaque sexe un rôle était un combat perdu depuis plusieurs décennies déjà ? Simone de Beauvoir a écrit *Le Deuxième Sexe* en 1949. Mais ils ne l'ont jamais lu.

Je l'ai découvert moi-même il y a peu de temps. Simone de Beauvoir n'était pas dans les habitudes de lecture de la maison dans laquelle j'ai grandi. Ma mère disait : « Les féministes, ce sont le plus souvent des femmes frustrées qui détestent les hommes. » Elle en tirait la conclusion qu'elles étaient sans doute des *lesbiennes.* En parallèle, elle insinuait souvent qu'elle adorait (autrement dit qu'il fallait adorer) les hommes. Lorsqu'elle me voyait, absorbée dans mes lectures, elle commentait : « Tu sais, ils n'aiment pas les femmes trop intellectuelles. Il ne faut pas trop leur prendre la tête. » Elle me conseillait de sans cesse veiller à mon poids, à mon allure. « Les hommes n'aiment pas… » Lorsqu'un garçon entrait dans mon intimité, il transformait ma mère. Elle n'était plus qu'une femme. Sa voix se faisait soudain suave, ses gestes choisis. Elle aimait les hommes. Elle respirait.

Il y avait de quoi devenir féministe.

Comme il est long de travailler à soi-même, souvent à contresens des normes, il faut du temps pour se déposséder du roman familial, de la place que nous assignent nos parents.

Pendant les quelques années où je l'ai connu, mon père m'a inculqué des codes que l'on attribue a priori d'abord aux petits garçons. Je crois qu'il était indifférent à ces histoires de rôles et de sexes. Je suppose, j'interprète. Peut-être ressentait-il même un certain malaise à l'idée de devoir jouer *l'homme* en couple comme en société. Il n'était pas rassurant pour sa femme, pas prévoyant. Il n'investissait ni dans l'avenir ni dans la pierre. Il prenait soin de ses mains, de ses cheveux, de sa peau, de ses vêtements. Il était élégant en toute circonstance et appartenait à de drôles de confréries (ses « clubs de gymnastique ») dont on ignorait tout, il y nouait des amitiés intenses avec des hommes très divers, des *personnages* qui passaient rarement le seuil de notre appartement. Ils ne se connaissaient pas toujours les uns les autres. Car *E. S.* cloisonnait l'espace et le temps. Peut-être n'était-il pas dans cette transparence affective qui convient à ceux qui estiment ne pas être un mystère pour eux-mêmes. E.S. cultivait d'autant mieux ce mystère des apparences qu'il portait en lui-même une ombre épaisse.

« Il y avait en lui comme un trou, m'avait une fois dit son ami guide, lui aussi franc-maçon. Ton père était comme une éponge, très ouvert. Il avait soif, il était dans une démarche très mystique déjà avant sa maladie. Il croyait aussi en la fraternité de manière idéaliste. »

Mon père. Il m'a appris à écouter le vent, à répliquer physiquement quand on me provoquait, à aimer les sports de combat. Lorsque j'étais seule avec lui, il me laissait affronter solitairement, librement et activement le monde extérieur, à commencer par l'autre sexe, ce qui n'était pas toujours facile. Cela ne m'empêchait pas de constater nos différences anatomiques irréductibles et d'être *sa petite fille.*

Ma mère s'est construite en parallèle, peut-être aussi en réaction. Elle aurait aimé un mari plus rassurant, plus prévoyant, qui aurait investi le couple et l'avenir, qui ne se serait pas *isolé* d'elle, qui aurait été *l'homme de la situation.* Elle aurait aimé un mari qui aurait été un second père. Comme certains polémistes de droite, elle estime que les femmes ont perdu dans leur combat pour l'égalité, qu'elles sont devenues *les idiotes utiles du capitalisme*, puisqu'elles doivent désormais faire face à des situations de précarité sociale et affective parfois dramatiques que leur épargnait autrefois le confort du mariage bourgeois. Dans le même temps, elle a toujours tenu à gagner sa vie. À la mort de mon père, elle a financé seule l'achat d'un appartement. Elle y a disposé ses secrets dérisoires de femme qui n'a toujours aimé que la lumière chaude et vive du début de l'été, ses souvenirs d'hier, ses fantaisies. Quelques pièces de notre ancien mobilier de la rue de Normandie, son lit en rotin du chemin des Tulipiers, les albums photos de mon enfance, des tableaux que mon père et elle s'étaient offerts ou qu'elle avait peints, sa collection de canards, la pochette Must de Cartier à la couleur rouge emblématique qui appartenait à mon père et dans laquelle elle a réuni ses propres courriers intimes depuis l'adolescence. La pochette était à peine cachée dans le meuble de l'entrée. Dans ce même meuble, elle gardait ses autres courriers importants, des soucis administratifs qu'elle réglait exclusivement ici, dans *son* espace.

Elle ne mélange rien. Si elle ne cloisonne pas, elle préserve son espace et son temps. C'est l'être le plus indépendant que je connaisse, elle aime se confronter seule à la culture, à la nature, à son époque. Et pourtant, je crois qu'elle ne se sent vraiment *elle-même*, protégée dans son être, qu'en couple avec un homme. Les remises en question de la construction des genres sont des agressions à son identité la plus profonde. Parce qu'elle se figure comme beaucoup de ses semblables qu'*être une femme* ou *être un homme* ne correspondent qu'à des faits naturels. Si elle a su échapper à la dépendance matérielle, ma mère ne s'est pas affranchie psychologiquement des modèles féminin et masculin et elle s'en félicite. Comme beaucoup de femmes, elle se détermine en fonction de son sexe. Sur lui seul, elle calque son identité. Soixante ans après Beauvoir, elle croit au discours qui veut que *sans Eux, nous ne sommes rien.* Et que penser le contraire c'est *ne pas aimer les hommes.* C'est *vouloir leur disparition.* C'est aussi *ne pas s'aimer soi-même.* Elle s'est construite dans cette dépendance-miroir à l'autre sexe qu'elle nomme *altérité.* Elle est femme grâce à l'homme. Hors de cette altérité, elle n'est donc plus.

Je le respecte ; et je questionne : pourquoi ne pourrions-nous pas faire place à l'imagination, jouer davantage avec nos identités ? Faut-il maîtriser l'altérité, la circonscrire ou bien être tenu par elle en éveil ? Comme je n'ai jamais aimé les assignations liées à ma sexualité, je n'aime pas les assignations liées à mon genre. Je porte en moi une part masculine et une part féminine également prononcées. En disant cela, je ne nie pas la nature. En disant cela, je ne doute pas, ni ne remets en question, le fait d'être de sexe féminin (ce serait une autre question), j'essaie seulement de ne pas jouer à l'excès le rôle que m'attribue la fiction sociale dans laquelle ma vie s'inscrit. *Notre langue ne concevant pas le neutre, que sont pour toi le féminin et le masculin ?*

Poser cette question autour de soi, c'est réaliser à quel point ces notions de genre sont subjectives, mouvantes, parfois confuses et combien surtout elles renvoient à l'intimité profonde de chaque être.

Ce sont pour certains, à l'évidence, des données naturelles que les études de genre cherchent à nier : « Bien sûr, le masculin c'est le carré et le féminin, le rond ; le masculin, le goût et le féminin, l'odorat ; le masculin, la montagne et le féminin, la rivière ; le masculin, le pouvoir et le féminin, l'influence ; le masculin, le fort et le féminin, le sensible. » Bien sûr.

Pour d'autres, si deux genres existent sans

risque de confusion, une hiérarchie s'impose entre eux dans laquelle le masculin l'emporte nécessairement sur le féminin : « Et si le féminin, c'était l'ambition sans limite et sans scrupule, qui avance masquée pour aller plus haut, tandis que le masculin, c'est la franchise de l'affrontement en plaine, sans ruse ni faux-semblant ? Et si le féminin, c'était la séduction sans sentiment, sans désir, pas pour le sexe mais pour l'intérêt, l'après, le retour d'ascenseur, tandis que le masculin, c'est juste pour coucher, sans arrière-pensée, pour un éphémère délicieux ? Et si le féminin, c'était la dureté absolue maquillée de soupirs et de larmes, d'attentions et de faiblesses, tandis que le masculin, c'est la nature humaine, faible mais généreuse ? Et si le féminin, c'était le moi et non l'émoi, tandis que le masculin, c'est l'alter et non les haltères ? Et si le féminin, c'était le coupable, le cruel, le faux, le lâche, le duplice, le mensonge, tandis que le masculin, c'est l'innocence, le délicat, le vrai, le courageux, l'intègre, la vérité ? »

Mais il y a aussi ceux, moins misogynes, moins durs, moins injustes et moins idiots, pour qui masculin et féminin évoquent avant tout *une différence*. Et une différence radicale :

« Ce n'est pas l'idée d'une complémentarité qui m'intéresse ou qui m'attire, c'est cette différence : je ne l'ai jamais ressentie avec un homme. Je n'ai jamais rencontré un autre homme. Tandis qu'avec certaines femmes, je ressens immédiatement cette radicalité. Dans des difficultés à leur parler d'abord (banal, mais étonnant tout même, à chaque fois, d'en faire l'expérience), mais ensuite et surtout dans ce que cela suscite chez moi : de réinvention, de rêve, de projection, de sentiments, d'envie de voyages. Bref, cette féminité radicale, je ne l'expérimente pas tant chez l'autre que chez moi, que je découvre autre, à son contact. »

« Le masculin, c'est ce que je connais puisque je l'habite. L'évidence quand elle ne rencontre qu'elle-même ne se questionne pas. Le masculin… le seul pays dont je ne peux sortir, dont les frontières me sont données une fois pour toutes. En étant un homme, il ne m'est pas donné de savoir ce qu'est une femme. Alors je marche vers elle. »

Ces notions, estiment d'autres, n'existent qu'en tant que *constructions sociales, rôles sociaux, rôles attendus, rôles arbitraires* : « Tout ce qu'on appelle le féminin ou le masculin, c'est la société qui l'a construit pour asseoir la hiérarchie des genres. »

D'autres encore perçoivent le féminin et le masculin comme des énergies, comme un équilibre mouvant ou plutôt en mouvement perpétuel.

« Il me semble que l'on arrive sur Terre avec une égalité parfaite du féminin et du masculin. Ensuite on se construit avec l'environnement que la vie nous donne : la famille, l'école, la société. La partie la plus délicate de chaque individu (les sentiments, la perception, la sensibilité, l'acuité, etc.) finit cette construction de l'être et fait ce que nous sommes (féminin ou masculin). La société compartimente, c'est vrai, juge aussi, mais ces règles sont utiles et canalisent l'humain qui en a besoin. Je pense aussi que le vécu permet de positionner la part dominante du féminin/masculin en fonction de nos besoins au cours de notre existence. Pour ma part, on reste en parfaite harmonie avec soi quand on garde l'équilibre avec lequel on arrive sur Terre. Jennifer, tout cela, c'est comme le courant électrique qui ne fonctionne qu'avec le mâle et la femelle. »

« On peut ergoter autant qu'on veut sur le sexe. Une chose est sûre : si on ne peut pas choisir son sexe, on peut choisir son genre. On a tous les attributs du féminin et du masculin. On peut les laisser vivre en nous, les développer, les accepter, les chasser, etc. En ce qui me concerne, je crois que, depuis l'enfance, j'ai refusé de signer un contrat d'exclusivité avec le féminin sous prétexte que je n'avais pas de pénis. Je crois à l'existence des deux genres en nous, qu'on peut cultiver ensemble ou pas. Qu'est-ce que le féminin : fragilité, délicatesse, sensibilité, hystérie ? Finalement, personne ne sait ce qu'il y a vraiment de féminin ou de masculin. Un chat qui se toilette, c'est très féminin. Une lionne qui chasse, c'est très masculin. Beaucoup de réponses sont dans l'analyse de nos cinq sexes. Nous avons tous cinq sexes (qui s'articulent autour des pôles féminin et masculin) : un sexe génétique (XX ou XY), un sexe anatomique (pénis ou vagin), un sexe hormonal (testostérone ou progestérone), un sexe social ou « genre » (homme ou femme) et un sexe psychologique (masculin ou féminin). Dans la construction de notre identité sexuelle, ces sexes ne coïncident pas toujours. Du coup ça ouvre des perspectives. Je ne sais plus comment on calcule les probabilités mais ça fait beaucoup de possibilités ! »

Je crois à cette multiplicité de possibles, à ce féminin et à ce masculin en nous et en perpétuel mouvement. J'aime cette idée, empruntée à la sagesse chinoise, *que chaque individu contenant simultanément des éléments yin et des éléments yang, est un être virtuellement complet, appelé à réaliser à l'intérieur de lui-même sa plénitude*[11]. Pour l'esprit chinois, le sacré ne naît pas de la fusion de deux réalités opposées (deux sexes opposés) mais *de l'harmonisation d'énergies complémentaires qui s'accomplit dans l'univers, dans le corps social et dans le corps individuel*[12].

Ainsi, s'il ne m'a fallu que quelques instants pour me sentir *parent*, il m'a fallu près de vingt ans pour comprendre qu'une identité n'est pas acquise une bonne fois pour toutes, que je ne suis pas femme parce que j'ai des seins, des hanches, un sexe féminin ou que j'ai décidé de l'être ou qu'on l'a décidé pour moi. Je reste libre toute ma vie de me réinventer, de jouer avec ces codes, d'être émerveillée par la douceur désarmante d'un homme, d'être troublée, au-delà des rondeurs et des creux du corps, par sa sensualité, ou marquée par le comportement viril, pour ne pas dire typiquement masculin, d'une femme.

Qu'est-ce que le féminin ? Qu'est-ce que le masculin ? Je ne sais pas.

Je sais en revanche que ce sont les millénaires de sexisme qui font sans aucun doute de moi aujourd'hui une *femme*. Simone de Beauvoir avait

11. Jean-François Billeter, *L'Art chinois de l'écriture : essai sur la calligraphie*, Skira, 2005.

12. *Ibid.*

raison. *On ne naît pas femme : on le devient,* écrit-elle dans *Le Deuxième Sexe. Aucun destin biologique, psychique, économique ne définit la figure que revêt au sein de la société la femelle humaine ; c'est l'ensemble de la civilisation qui élabore ce produit intermédiaire entre le mâle et le castrat qu'on qualifie de féminin. Seule la médiation d'autrui peut constituer un individu comme un Autre. En tant qu'il existe pour soi, l'enfant ne saurait se saisir comme sexuellement différencié*[13]. Sans avoir étudié en détail l'histoire du féminisme, je sais que les études de genre nées dans les années soixante-dix et quatre-vingt ont eu le mérite de poursuivre le laborieux travail entrepris par Simone de Beauvoir. Elles aident, elles aussi, à opérer de façon empirique, et non plus seulement intuitive, une distinction entre le sexe et le genre pour nous questionner sur la construction des rôles sociaux attribués *naturellement.* Elles s'intéressent à l'articulation entre identité sexuelle et orientation sexuelle, ou comment l'hétérosexualité façonne les normes de masculinité et de féminité. Elles permettent de repenser intelligemment les catégories que l'on retrouve partout, jusque dans les enquêtes en sciences sociales, comme des *variables indépendantes.*

13. Simone de Beauvoir, *Le Deuxième Sexe*, Gallimard, 1949.

En épousant la vie de Lucie, j'ai découvert une famille que rien d'irrémédiable n'est encore venu détruire. J'ai découvert le sens de l'expression *famille nombreuse.* Ils entretiennent les uns avec les autres des liens complexes et passionnels. Ils sont, dans la mesure du possible, à chacun une priorité. Le père tient invariablement le rôle du *pater familias* incontesté au milieu de ses trois filles et de leur mère. Il a longtemps incarné seul la force, l'autorité, la loi. Il a un caractère tonitruant, partout il insuffle la vie et livre ses avis qui prêtent rarement à discussion. La mère est une de ces beautés qui traversent les âges. Elle a fait de ses fêlures des points d'appui. Dans sa vie professionnelle, elle a gagné peu d'argent et beaucoup partagé la souffrance des autres. Si elle n'avait pas été avocate, si elle n'avait pas défendu les gens, elle les aurait sans doute soignés. Je crois sans en être sûre qu'elle vit sur la ligne de crête, toujours au bord de se laisser envahir, de perdre ses repères mais sans jamais cesser de se porter elle-même, sans jamais se laisser pulvériser.

Les trois sœurs ont toutes, je le vois, immensément aimé cette mère et ce père qui les ont protégées de ce qui ne m'a pas été épargné. Il y a eu des souffrances, bien sûr, mais à leur contact, j'ai compris le sens du mot *rempart.* Pierre et

Héloïse sont ce rempart, un filtre aux incohérences, à la brutalité du monde. Leurs filles ont chacune leur part d'étrangeté et de névrose, mais leur identité ne prête pas à confusion. Elles savent depuis l'enfance de quelle souche elles viennent ; elles en ont tiré force et assurance, en plus du caractère qui ne leur manque pas. La cadette a capté, plus que les deux autres, l'héritage du père. Dans la famille qu'à son tour elle a formée, comme dans sa vie professionnelle, elle incarne l'autorité et la loi. Une position qui défie bien sûr le rôle auquel son sexe aurait dû l'assigner. Son mari, lui, accepte sa part féminine, il profite de ses horaires d'enseignant pour occuper une fonction trop souvent dévolue à la mère. Ils forment un couple moderne, ils n'ont pas reproduit, ils ont innové dans le respect de leurs individualités. La benjamine entretient un rapport beaucoup plus intense à sa féminité et accorde de l'importance aux rôles que chaque sexe se doit de tenir. La personnalité de Lucie, l'aînée des trois filles, et la mienne sont complémentaires, sans que l'une ou l'autre ne tienne de *rôle spécifique*. On porte nécessairement des résidus, des bribes de soi tel qu'on était enfant. Je garde ce rapport ouvert au genre et un sentiment de grande vulnérabilité. Je sais *les liens fragiles* et j'imagine toujours la mort comme une guillotine prête à tomber à tout moment. Je ne sais pas quelle petite fille était Lucie.

Elle dit : « J'étais joyeuse ; j'étais bien en toutes circonstances, comme Jean. »

Ses parents ont une formule économe : « Elle était facile. »

Oui elle a été *facile*. La preuve, elle a intégré tous les codes auxquels on assignait une jeune fille versaillaise, une jeune fille de bonne famille. De ces codes qui font qu'*ils* se reconnaissent entre eux.

« Jennifer, tu ne peux pas comprendre. »

Ainsi Lucie est presque *née* douce, soignée, sage. Elle n'élève pas la voix. Comme ses sœurs, elle ne fume pas, elle ne boit pas. J'aimerais parfois la voir jurer, prendre un whisky, griller une cigarette du bout des doigts, comme notre amie Nathalie qui s'est construite dans le milieu plus hostile des barres HLM de Gennevilliers. Mais non. C'est sur un autre terrain que Lucie a déplacé les lignes et les rôles assignés. Marine est arrivée deux ans après elle, c'était une tornade.

Les parents disent : « Elle n'était pas facile. »

Et Marine a très vite occupé beaucoup d'espace. Elle a pris toute la place. Lucie la lui a laissée. Lucie ne parle jamais de ces rivalités, de la sororité. Elle ne le peut pas mais je sais qu'elle s'est sentie écrasée, reléguée, déclassée dans le regard de ses parents. Qu'elle en a longtemps éprouvé un douloureux sentiment d'*infériorité.*

Préférant *rien* à *moins,* elle s'est bricolé une autre histoire de famille dans laquelle sa grand-mère a joué le premier rôle. Elle a renversé les places. Adulte, elle a continué. Longtemps, elle s'est retranchée des siens. Ses amis suffisaient à lui tenir chaud. Ils étaient comme sa *mamie,* ils l'aimaient inconditionnellement ou bien elle ne les aimait pas, ou bien ils n'étaient pas ses amis. Longtemps, ils ont été beaucoup plus âgés. En devenant parent, Lucie a changé. Elle a trouvé des amies de son âge. Tout en douceur, elle se rapproche de sa mère et de son père. Ils lui ont dit : « Oui, on a commis des erreurs. Toi aussi. Mais on t'aime ma chérie. »

Un après-midi de printemps, dans la grande cour de leur belle maison bourgeoise, sous le cerisier du Japon qui les couvrait d'ombre, ils ont parlé des heures durant. Ils se sont tous les trois un peu réparés. Lucie sait à présent que chaque amour a son propre pas, elle a repris sa place, encore hésitante, encore incertaine. Mais elle est restée dans un rapport non questionnable au genre, un rapport qui ne se joue pas des assignations.

Ainsi je veux croire que les rapports que nous entretenons à notre sexe dépendent grandement des circonstances, de la façon dont on s'est construit(e). Je crois qu'il est toujours utile de questionner ces rapports, que le monde extérieur donne continuellement cette occasion de s'observer et donc de se transformer. La nécessité de complétude des sexes ne préexiste pas aux discours. Elle est produite par eux. Homme/femme, loin d'être seulement des catégories biologiques, ces mots sont aussi les fictions que nous nous sommes choisies pour définir qui nous étions. Certains représentants du judaïsme contemporain, en rupture avec le discours religieux traditionnel, ont eux aussi entrepris une réflexion sur la complémentarité masculin/féminin qui ne se réduirait pas à la complémentarité homme/femme. Ils s'appuient pour cela sur le texte lui-même et rappellent notamment que dans le verset original tiré du Livre de la Genèse (Genèse 1 :27), si Dieu créa les humains à son image, il ne les créa pas hommes et femmes. Les termes *zakhar* et *nekeva* utilisés dans ce verset peuvent être traduits par « masculin » et « féminin » ou « mâle » et « femelle » mais sûrement pas par « homme » et « femme » qui en hébreu biblique se disent *ish* et *isha*[14]. Ce qui donne :

14. Lire Delphine Horvilleur, *En tenue d'Ève, féminin, pudeur et judaïsme*, Grasset, 2013.

« Dieu créa l'homme à son image, à l'image de Dieu il le créa, masculin et féminin il les créa. » Ce célèbre passage biblique pourrait, nous disent-ils, tout à fait suggérer qu'une complémentarité des genres masculin et féminin peut s'exprimer aussi bien au sein de l'individu lui-même qu'entre deux individus[15].

Mais tout se passe comme si ces nouvelles représentations[16] qui ont œuvré à libérer les *hommes* et les *femmes* ne portaient aucun coup à nos représentations de la parentalité. Si nous avons tous gagné en indépendance, si les femmes ne sont plus ces êtres dominés, rivées à leur animalité, nécessairement fertiles, douces, protectrices et au service de l'homme, nous n'avons pas encore poussé assez loin nos réflexions sur les rôles que l'on attribue distinctement aux *mères* et aux *pères.* Le masculin et le féminin qui n'appartiennent plus de façon distincte à l'homme et à la femme définissent toujours exclusivement et distinctement le contenu des mots père et mère. Le masculin au père, l'éternel féminin à la mère. La question de la nécessaire *différence des sexes*, la peur de l'*hybridisme*, de la *confusion des genres*, s'est

15. *Ibid.*

16. Aussi bien dans le champ de la sociologie que dans celui de la philosophie ou même de la religion.

seulement déplacée. Beaucoup d'hommes et de femmes parmi nous continuent à croire qu'un enfant ne peut se passer d'un père et d'une mère, qu'il ne peut se construire autrement que dans les schémas que ses parents ont eux-mêmes contribué à détruire. Nous feignons de croire que l'hétéroparentalité correspond à un fait naturel. Que l'expérience courante de nombres de psys ou tout simplement de témoins du quotidien (enseignants, pédiatres) témoigne du fait que la différence des sexes peut exister quand bien même ce ne seraient pas les parents qui l'incarnent, ou bien de façon plus subtile, n'y change rien.

Les textes sacrés qui assignent à chacun et à sa chacune un rôle sexué ne traitent guère de la meilleure manière de concevoir et d'élever un enfant[17]. C'est là que certains discours psychanalytiques (qui divisent profondément la profession) entrent en scène et prennent le relais. Pour

17. Jésus lui-même rejette toute idée de famille au sens où nous l'entendons aujourd'hui : Matthieu 12, 46-50 (Mt 12. 46-50) : « 12.46 Comme Jésus s'adressait encore à la foule, voici, sa mère et ses frères, qui étaient dehors, cherchèrent à lui parler. 12.47 Quelqu'un lui dit : Voici, ta mère et tes frères sont dehors, et ils cherchent à te parler. 12.48 Mais Jésus répondit à celui qui le lui disait : Qui est ma mère, et qui sont mes frères ? 12.49 Puis, étendant la main sur ses disciples, il dit : Voici ma mère et mes frères. 12.50 Car, quiconque fait la volonté de mon Père qui est dans les cieux, celui-là est mon frère, et ma sœur, et ma mère. »

dire quoi ? Pour dire tout d'abord dans une formule pleine de bon sens qu'il ne faut pas confondre le droit de l'enfant avec un quelconque *droit à l'enfant* et que le premier droit de l'enfant, *fondateur*, est de se voir donner une famille dans laquelle il aura le maximum de chances de se construire au mieux. Pour dire ensuite qu'il serait peu probable, voir hautement improbable, qu'un enfant arrive naturellement et de façon structurante à se situer dans le cadre de ces nouvelles familles où la différence des sexes, neutralisée dans le mariage, le sera aussi dans la *filiation*. Car pour se construire *en se différenciant*, un enfant doit pouvoir, disent-ils, s'imaginer être issu de l'amour et du désir d'un homme, son père, et d'une femme, sa mère, *grâce à la différence sexuelle*. Il a besoin d'avoir en face de lui, tout le temps qu'il grandit, un modèle de l'altérité sexuelle. Les mouvements populaires des militants anti-mariage pour tous ne disaient pas autre chose avec leurs slogans « Il n'y a pas d'ovule dans les testicules » ou « papa+maman : y a pas mieux pour un enfant », dans un détournement émotionnel visant à ramener les adultes à une condition de bon sens enfantin, détournement dans lequel la femme reste le *deuxième* sexe.

Et si, questionnent-ils, le mariage pour tous introduisait le ver dans le fruit ? Et si l'union féconde de l'homme et de la femme dont est issu l'enfant était bientôt remplacée, pour ne pas dire supplantée, par la *volonté* d'établir un lien de filiation ? Comme si la famille n'était pas devenue, *pour tous,* d'abord l'expression d'une volonté, la conjonction d'une liberté individuelle et d'un projet partagé [18], on met en garde : *Plus on fonde des liens sur la seule volonté, plus on crée des occasions de conflits irréductibles car manquant de critères d'arbitrage*[19]. Autrement dit : le droit n'a pas à suivre toutes les demandes sociales ou toutes les évolutions de la société, ni surtout à s'adapter au fait accompli imposé par quelques personnes.

Non, *le droit n'est pas cet absolu dont souvent nous rêvons*[20]. Je pense aussi que la raison d'être de nos systèmes juridiques, de la loi, est de poser un cadre à la volonté, *de protéger les plus vulnérables,* d'empêcher la barbarie, le meurtre, pour que l'intérêt général prime sur le choix

---

18. www.lemonde.fr/idees/article/2010/12/13/gestation-pour-autrui-un-cadre-contre-les-derives_1451958_3232.html.

19. Thibaud Collin, entretien avec l'auteur, *Le Monde des religions,* n° 58.

20. Jean Carbonnier, *Flexible droit – Pour une sociologie du droit sans rigueur,* 10e édition, Paris, L.G.D.J., 2001, 1re éd. 1969 ; *L'Hypothèse du non-droit,* Paris, Sirey, 1963.

individuel. Mais je n'en tire pas les mêmes conclusions.

Contrairement à l'image (la plus répandue) d'une loi divine, verticale, immuable et qui impose aux hommes des limites indiscutables et des normes auxquelles nul membre de la communauté ne peut déroger, la lecture des lois humaines doit sans cesse être renouvelée. Elles ont pour vocation d'être questionnables, questionnées, interprétées, réécrites. Parce qu'elles sont humaines. Parce qu'elles ont pour mission de se confronter à l'homme tel qu'il est. Encore une fois, qu'on le déplore, que l'on s'en réjouisse, la libéralisation des mœurs et le développement des techniques touchant au domaine du biomédical ont placé la volonté, le bien-être, le choix individuel, au cœur du réel. C'est aux institutions, aux élus politiques que nous nous sommes choisis de porter haut ces questions éthiques qui troublent, inquiètent, voire répugnent certains de nos contemporains. À nos élus de s'intéresser au *nous de notre monde commun*[21], de notre monde tel qu'il va. Même si cela ne correspond pas toujours à la vision de l'idéal que chacun porte. Même si cela n'est pas simple.

21. Lire Irène Théry, *L'Altérité sexuelle survivra*, *Le Monde* du 8 novembre 2012.

De même, du côté de la justice : interpréter la loi n'est pas seulement élucider son sens exact et véritable. Ce n'est pas seulement *reconnaître.* Dans un monde toujours plus complexe, où les lacunes de cette même loi sont nombreuses, le juge ne peut plus seulement être cette *bouche qui prononce les paroles de la loi*[22]. Interpréter devient nécessairement de plus en plus une création de sens. Interpréter nécessite d'*innover.*

C'est de cette manière, en se confrontant au « nous » de notre monde commun, qu'au cours des cinquante dernières années les structures familiales se sont écartées peu à peu des modèles traditionnels, que les femmes ont pu investir presque tous les lieux de décision et de pouvoir sans saborder la famille, que la contraception a été autorisée puis remboursée, nous permettant de disposer de notre corps, que la mère est devenue l'égale du père en matière d'autorité parentale, que l'interruption volontaire de grossesse n'a plus été considérée comme un délit, que divorcer par consentement mutuel est entré dans les mœurs, que le viol entre époux a été condamné comme les violences conjugales. C'est de cette

22. Montesquieu, *L'Esprit des lois,* 1748.

manière, oui, en se confrontant au « nous » de notre monde commun, à ses failles, à ses débordements, que nous saurons comment encadrer strictement ces grandes évolutions de la famille. C'est ainsi que nous sortirons des *conflits irréductibles.*

Le jour où nous avons envisagé de devenir parents, Lucie et moi, nous avons peu réfléchi. Notre conception de la famille était naturellement calquée sur ce que nous avions vécu, connu, comme on reproduit les expressions et la gestuelle de ceux avec qui l'on partage sa vie. Je ne sortais pas du cadre.

Et je butais indéfiniment sur des questions d'ordre « moral ». Je n'avais pas encore conscience que sur ce terrain-là, il vaut mieux *se détacher de toute fable, mythologie, théologie, de toute éthique limitative, qui contrôle, qui interdit et qui dicte des principes*[1]. Je me persuadais que nous ne pouvions pas fonder notre famille en ayant recours à un donneur inconnu. Cette issue m'attristait bien

1. Antoinette Fouque, entretien avec l'auteur, *Le Monde des religions*, n° 46.

plus que Lucie qui, elle, n'avait jamais eu à « imaginer » son père, à le recréer. Il était là, solide et bien réel. J'oubliais que c'était la mort, la perte d'un parent, qui avait détruit mon enfance. Mon père était mort sans laisser une lettre, un testament, sans expliquer, sans nommer. J'oubliais que c'était la tyrannie de la nature, de la maladie et du silence qui m'avait abîmée.

Nous restions prisonnières du modèle reçu, de nos repères biologiques. J'avais peur de l'inconnu, peur de *manipuler le vivant*. Je donnais un caractère intangible aux lois de la nature. Je leur conférais un statut sacré. Ce n'était pas une simple idée, c'était le postulat, l'hypothèse de départ sur laquelle tout mon raisonnement reposait. C'était le *bon sens même*. La loi française ne m'aidait pas. Elle (se) reposait elle aussi sur ce postulat. Ainsi, dans les procédures de procréation médicalement assistée avec don – réservées aux seuls couples hétérosexuels infertiles –, elle incitait à gommer toute trace de l'intervention d'un donneur, rendu *anonyme* pour toujours.

Subrepticement, elle disait aux parents : *La stérilité est une impuissance, une honte, une malédiction. Cachez cette défaillance, cachez la vérité à vos enfants, à vos familles, à la société. Faites semblant.*

Bien sûr les parents pouvaient *se faire violence,*

mettre des mots, rompre le silence de la loi. Beaucoup avaient le courage de le faire malgré tout, malgré eux. Mais en ne reconnaissant pas le rôle de *tous les adultes* qui avaient contribué à la mise au monde de l'enfant, la loi les incitait au déni, elle incitait les parents à défigurer le réel, à l'oblitérer complètement. Elle soignait leur blessure narcissique au détriment de l'intérêt des enfants et des familles [2] *à très long terme.* Ce faisant, elle transférait sur chaque nouveau-né le poids de la honte. Ils la porteraient sans comprendre pourquoi. Pire, ils naîtraient *sous tutelle, car le secret est un savoir qui confère un pouvoir sur l'autre*[3]. Ne sachant rien mais sachant tout de même que quelque chose d'essentiel d'eux-mêmes leur échappait, souvent, la vérité finirait par éclater. Ce serait une tragédie, ce serait une libération. Mais au prix de combien d'années passées à se battre avec des fantômes ?

Nous n'étions bien sûr pas concernées par cette loi. En France, la PMA pour les couples de même sexe est toujours interdite. Mais son esprit pesait sur *nous tous*, et de tout son poids.

---

2. Geneviève Delaisi de Parseval, *Famille à tout prix*, Le Seuil, 2008.
3. *Ibid.*

La biologie est tout, nous murmurait-elle. *Ne venez pas semer le trouble dans nos représentations mentales.* Si nous devenions parents grâce à la PMA, nous briserions en effet cette *fiction naturalisante*[4]. Contrairement aux parents hétérosexuels, nous serions tenu(e)s par un devoir de vérité : il faudra toujours un homme et une femme pour concevoir un enfant. Nous ne remettrions pas en cause la reproduction sexuée de l'humanité. Nous ne pourrions pas mentir à nos enfants, nous ferions apparaître en clair ce qui, jusqu'alors, restait caché. Ils sauraient *nécessairement* que nous avons eu recours à un tiers pour leur donner vie. Et la question du statut à donner à ce tiers serait enfin posée. Comment le nommer ? Donneur d'hérédité ? Donneur d'espérance, de sens ? Donneur d'éléments de vie ? Faut-il lui donner une place, et si oui laquelle ? La pénurie symbolique était totale. Et cela n'était pas près de changer. Si deux femmes voulaient un enfant ensemble, elles pouvaient prendre un train ou un avion, traverser une ou deux frontières et avoir recours à un don étranger, elles pouvaient s'adresser à une personne de leur entourage, elles pouvaient instrumentaliser un inconnu. Mais elles ne devaient pas questionner quarante ans de mensonge.

---

4. Danièle Hervieu-Léger, entretien avec l'auteur, *Le Monde des religions*, n° 58.

Ainsi, nous avons voulu bien faire et Jean n'a pas été conçu grâce à un donneur anonyme.

Un copain de Lucie, que je connaissais à peine, a accepté de donner son sperme afin que notre enfant puisse avoir accès *à ses origines*, ou plutôt, cela me semble plus juste aujourd'hui, *à son histoire.* Marc semblait heureux de faire ce geste, de participer à notre projet de vie, d'y tenir une place. La loi était *la grande absente.*

Jean porterait le nom de Lucie et vivrait avec nous. Nous serions *ses parents.*

Nous avons procédé à l'insémination en l'absence de Marc, toutes les deux, de façon artisanale. Tout de suite, Lucie est tombée enceinte.

Mais au huitième mois de sa grossesse, sur les conseils d'un avocat, le père biologique a exprimé un désir soudain de reconnaître l'enfant contre notre volonté. Il voulait être désormais défini père, comme les autres. La loi lui accordait des *droits très précis.* Lucie et moi étions sans filet, vulnérables, livrées à l'impuissance, à la peur, à la colère, au chagrin. J'étais devenue un tiers qui voulait nier la réalité biologique. La naïveté est peut-être le visage de la vérité, mais elle nous prenait à la gorge. *Dès qu'on sort du légal et des chemins battus, quel maquis*[5]...

La grande absente allait maintenant entrer dans nos vies, et pour toujours.

À la naissance de Jean, je ne figurais pas sur son livret de famille. Cela, je m'y étais préparée. C'était la loi. Je n'avais pas envisagé en revanche que sa filiation allait se fonder sur un contresens. Son acte de naissance racontait l'union entre un homme et une femme qui tous deux avaient donné la vie à un enfant. C'était une histoire tout à fait classique. La vérité était génétique, organique. La vérité n'était *que* génétique, *qu*'organique. Je pouvais me mortifier, pleurer, m'en vouloir, il était trop tard. Jean était né et il était magnifique. Je n'apparaissais nulle part. Mes actes, mes intentions, notre amour, notre projet de vie n'existaient pas aux yeux de la loi, aux yeux de la société non plus, en dehors des personnes qui formaient notre entourage proche. J'étais aussi à l'origine de la conception de Jean, mais mon lien à ce petit garçon que j'appelle *mon fils* était aussi peu protégé que celui qu'il entretient avec notre voisine de palier. Il allait falloir désormais vivre avec.

5. André Gide, *Les Faux-monnayeurs*, *op. cit.*

Comme elle efface les donneurs de sperme pour protéger les parents légaux des enfants nés de procréation médicalement assistée, comme elle force des hommes à devenir pères en suivant un raisonnement purement biologique, la loi française a automatiquement fait du père de Jean un parent, selon la célèbre formule de Guy Braibant[6], *deux parents, pas un de plus.* Et j'ajouterais : de sexes différents. Peu importent les changements anthropologiques en cours, Lucie et moi restions prisonnières du droit, où l'organique, la génétique priment sur toute autre vérité ; comme les hommes et les femmes qui voulaient avoir recours à une mère porteuse étaient prisonniers et prisonnières de la maternité sacralisée.

Dans notre pays, si l'on met de côté la coparentalité et l'adoption[7], un homme qui souhaite devenir parent sans se lier à une femme songera

6. Ancien président de la section du rapport et des études au Conseil d'État.

7. Phénomènes plutôt rares puisque d'une part les femmes ont la possibilité d'avoir recours à un donneur inconnu à l'étranger (en France l'aide médicale à la procréation n'étant accessible qu'aux couples hétérosexuels et mariés), et puisque d'autre part les adoptions pour célibataires ou couples de même sexe sont rendus encore plus difficiles que pour les couples hétérosexuels.

nécessairement à avoir recours à la gestation pour autrui à l'étranger. Mais avec des conséquences bien différentes de celles engendrées par le recours, pour une homosexuelle, à un donneur de sperme. Une femme qui porte un enfant n'a, en pratique, aucun compte à rendre sur son mode de conception. La mère est *celle qui accouche*. Elle est légitime à obtenir une reconnaissance pour *sa progéniture* avant même sa venue au monde.

L'enfant d'un homme qui a fait le choix d'une mère porteuse ne bénéficie, en revanche, d'aucune légitimité sur le sol français. Le seul document dont dispose le père biologique est l'acte de naissance étranger sur lequel est indiqué, selon les pays, le nom de la mère porteuse, ou celui de la mère d'intention (dans un couple hétérosexuel) ou encore *mère inconnue* comme cela se voit parfois en Inde. Jusqu'en 2011, les consulats français ont souvent refusé de délivrer un simple laisser-passer de voyage. Certains enfants – dont le pays d'origine n'appliquait pas le droit du sol – se sont retrouvés apatrides et bloqués, en Ukraine ou en Inde par exemple, dans des situations inextricables. Un arrêt du Conseil d'État du 4 mai 2011 contraint désormais l'administration à délivrer ce laisser-passer, même si certains restent problématiques (la mère biologique doit notamment formellement abandonner les droits sur son enfant). Mais cela ne change rien à l'absence de légitimité de l'enfant en France.

Avant le 25 janvier 2013, les tribunaux distribuaient au compte-goutte un Certificat de nationalité française (CNF), premier pas administratif vers des documents d'identité, carte ou passeport, en bonne et due forme. En demandant aux tribunaux d'accorder systématiquement à ces enfants ce Certificat de nationalité, même en cas de soupçon de recours à la GPA, la circulaire Taubira applique simplement la loi : est réputé Français « l'enfant dont l'un des parents au moins est français ». Mais l'avancée reste fragile : fin 2013, la préfecture de Paris refusait de délivrer à certains d'entre eux une carte d'identité ou un passeport. L'unique avancée que procure le CNF est la possibilité de voyager hors de France, car le document a valeur de laisser-passer.

Bien des questions demeurent, et notamment celle de la transcription de l'acte de naissance dans les registres d'état civil français. La Cour de cassation considère cette transcription contraire à l'ordre public international français[8] du fait du

8. Arrêt Mennesson du 6 avril 2011.

recours à une mère porteuse. La circulaire ne reconnaît par ailleurs nullement la filiation de ces enfants. Si l'acte de naissance étranger suffit pour les actes courants comme l'inscription à l'école ou aux caisses d'assurance-maladie, les pères ne peuvent pas, l'exemple est significatif, désigner l'enfant comme héritier/héritière chez le notaire. Ils peuvent encore moins déléguer l'autorité parentale à leur partenaire, qu'il soit homme ou femme. En cas de décès du père, l'enfant se retrouve donc dans un vide légal. Et aucune solution nouvelle n'est envisagée pour l'avenir. Sujet trop sensible. La question des *mères porteuses* touche plus profondément encore que la PMA à notre vision de ce qui fonde la personne humaine. Chacun se sent concerné, légitime pour en penser *quelque chose.* Au sein de la gauche, deux conceptions difficilement conciliables du féminisme s'affrontent. L'enjeu de chaque camp est de peser plus lourd que l'autre dans l'opinion à chaque nouvelle révision des lois de bioéthique.

Les uns disent : même si elle devait être volontaire et sans but lucratif, cette pratique n'est qu'une nouvelle forme d'*asservissement des femmes,* de *marchandisation du corps,* d'*instrumentalisation de la personne*[9]. Il ne s'agit pas d'encadrer pour

9. Lire *Mères porteuses : extension du domaine de l'aliénation,* www.tnova.fr

éviter les abus mais d'opposer un veto ferme et définitif à la gestation pour autrui, *en soi* qualifiée de socialement dangereuse, parfois même de *barbare.* Qu'un corps puisse se substituer à un autre pour donner la vie consisterait à adopter une vision *dualiste,* réduisant le corps à un simple dispositif biologique que l'on peut aliéner suivant *le vieux mépris de classe de ceux qui estiment normal de mettre la vie des autres à leur service*[10]. Ce serait aussi favoriser une *vision génétique de la filiation*[11], voire un certain scientisme, avec la tentation forte de demander que « tout ce qui se peut se doive ». Enfin, questionnent ses opposants, que savons-nous du lien qui se tisse entre une mère et son enfant pendant la gestation ? Comment savoir si l'enfant ainsi « confectionné » ne court pas le risque de se sentir abandonné ?

Dans l'autre camp, c'est au nom du droit des femmes à disposer de leur corps que l'on soutient la gestation pour autrui (sous certaines conditions limitatives) comme une étape supplémentaire de la libération des femmes : la libération des femmes *dans la mère.*

L'utérus a trop longtemps été la terre colonisée,

10. Sylviane Agacinski, *Corps en miettes,* Flammarion, 2009.
11. *Mères porteuses : extension du domaine de l'aliénation,* www.tnova.fr

exploitée, pillée par les monothéismes et par toutes les institutions androcentrées, explique Antoinette Fouque. *L'accès des femmes à une compétence utérine délivrée de l'esclavage est une vraie révolution anthropologique, aussi importante que la révolution chrétienne en son temps*[12]. Si l'on se montre capable de quitter le strict raisonnement économique, marxiste, pour s'ouvrir à une réflexion plus philosophique, alors oui, la perspective peut s'inverser. La gestation, cet accueil dans le corps d'une femme d'un corps étranger, peut apparaître comme une forme d'hospitalité d'un genre inédit, l'hospitalité suprême : *l'hospitalité charnelle.* Et voilà tout un monde qui s'ouvre *sur la sagesse des femmes et sur une économie du don.* À condition de ne pas reléguer dans l'ombre la mère porteuse. À condition aussi de cesser de sacraliser l'instinct maternel.

Les opposants à la gestation pour autrui ont provisoirement gagné la bataille des idées au sein du Parti socialiste. Même si les couples qui bravent la loi sur le sol français sont plus nombreux qu'on ne le croit et si les pratiques illégales risquent de se multiplier, il n'y aura pas d'encadrement de cette pratique avant longtemps. De même qu'il n'y aura pas de remise en question de l'anonymat des donneurs de sperme.

---

12. Antoinette Fouque, entretien avec l'auteur, *Le Monde des religions*, n° 46.

Autour de nous, il y eut des personnes pour lesquelles ce fut simple dès le commencement. Quand tant d'autres étaient mal à l'aise, hésitaient à nommer mon lien à Jean, elles s'exprimaient tout naturellement :

« Comment va ton fils ? »

« J'ai un cadeau pour lui. »

« Ça me touche de te voir mère. »

« Ce n'est pas trop difficile les nuits ? »

« Tu t'en sors avec le boulot ? »

« Et ta mère, et ton beau-père, ça leur fait quoi d'être grands-parents ? »

Ou, sur le mode de la dérision, comme en était familière mon amie Pauline :

« Il est bien moche cet enfant, ça ne peut être que le tien. »

C'était simple et ça valait mille discours politiques.

Simples aussi nos rapports avec la famille qui partageait notre nourrice et, avec elle, notre vie quotidienne. Jacques et Virginie nous appréciaient telles que nous étions, peut-être aussi pour ce que nous n'étions pas. Nous laissions Jacques se sentir utile, sinon nécessaire. C'est connu, les filles sont nulles en bricolage et en maintenance. Nous en profitions. Il remplaçait nos ampoules, changeait un joint, réparait la poussette, la machine à laver. Il nous aidait à choisir une voiture, à en négocier le prix. Il s'inquiétait de nos tracas judiciaires et savait les dédramatiser. Virginie était touchée par le destin de Lucie. Elle voulait la rassurer, l'envelopper, la défendre, lui ôter ses peines. Ils étaient tous deux conscients, parfois plus que nous-mêmes, des difficultés que nous avions traversées, que nous traverserions encore. Nous improvisions souvent des dîners, des week-ends, nous étions les hôtes de chaque anniversaire, de chaque événement symbolique se rattachant à leur famille. Avec eux, nous nous inscrivions dans une norme reposante. Les gens ne nous regardaient plus comme à l'ordinaire avec curiosité lorsque nous arrivions au restaurant, à l'hôtel. Nous échappions aux questions : « Mais laquelle des deux est la mère ? », « Et vos maris, mesdames, ils sont restés à Paris ? », « Vous êtes sœurs, n'est-ce pas ? Mais laquelle est l'aînée ? » Questions qui appelaient à omettre, à travestir ou bien à se raconter, à se justifier, souvent à s'excuser. Près d'eux, nous pouvions oublier que nous étions différentes, nous devenions invisibles.

Audrey était notre nourrice. Au même titre que Jacques et Virginie, elle participait à notre normalisation, à notre intégration dans cette étrange communauté sans âme que forment *les parents.* À l'usage, *les parents* d'un même quartier sont comme des copropriétaires : contraints d'entretenir des relations de voisinage cordiales, un peu vides et un peu niaises. C'est ennuyeux et difficilement contournable. Entre les points cardinaux des métros Sèvres-Lecourbe, Volontaires et Vaugirard, Audrey connaissait tout le monde. C'était *son* périmètre, *son* boucher, *son* jardin d'enfants, *son* Monoprix, *ses* trottoirs et *ses* bus. Nous étions aussi *ses* familles et nos enfants, *ses* enfants. Les questions intrusives lui étaient exclusivement réservées. Elle nous servait d'interprète, taisait les remarques des uns et des autres. Elle avait cinquante ans, de l'embonpoint, des mèches violettes et roses, de beaux yeux clairs, de hauts talons, des décolletés en toute saison, des bas noirs en laine polaire l'hiver et une idée très précise de la *bonne éducation.* Elle lisait des pavés qui lui racontaient les histoires d'amour qu'elle aurait voulu vivre, elle abritait sa grande sensibilité derrière une certaine rudesse. C'était la première fois depuis trente ans qu'elle entrait dans l'intimité d'une famille comme la nôtre. J'étais sur le seuil de la porte, la connaissant encore à peine, lorsqu'elle me dit pour la première fois, à l'occasion de son premier jour avec Jean : « Pouvez-vous me donner un vêtement qui porte votre odeur pour que votre fils s'endorme plus facilement à la sieste ? »

J'avais décidé avant même la naissance de Jean d'en faire état auprès des gens avec qui je travaillais quotidiennement dans un organe de presse qui comptait de nombreux catholiques pratiquants. C'était quand même plus facile que dans une administration, une école ou une institution quelconque, plus commode aussi parce que nous étions à Paris. Jusque-là, j'avais élu au compte-goutte ceux avec qui je partageais ce petit peu du secret de mon cœur et de mes nuits. Désormais, nous étions trois. Il n'était plus question d'habiller le silence de mensonges ou de non-dits. Je ferais table rase des réflexes de l'adolescence. Je ne raconterais plus de fable, je ne me ferais plus offense. Je ne cacherais à personne l'existence de Jean. Je n'aurais jamais honte de *nous* comme j'avais eu honte de moi. Il n'était pas question de *tout dire,* mais de ne pas se cacher. Froidement et sans trop d'affects, j'informai une quinzaine de personnes avec qui j'étais en contact direct et permanent. L'une après l'autre. Je ne cherchais pas un soutien ou une oreille bienveillante. « Bon, c'est un peu compliqué, enfin non, enfin si… Comment dire. Je voulais te dire, enfin te prévenir que j'allais bientôt être parent d'un enfant que je n'ai pas porté. » Mon rythme cardiaque s'était accéléré lors de la première confession, stimulé par un léger sentiment d'impudeur. Je ne savais pas quelles images traversaient l'esprit de mon interlocuteur à ce moment précis.

Peu questionnèrent, aucun ne sembla porter de jugement, après tout *c'est ta vie.* Ils prirent acte et ne m'en parlèrent plus. À la naissance, quelques-uns eurent la délicatesse de faire un geste, un petit cadeau, les mêmes demandaient régulièrement comme allait *mon fils*... ou bien *Jean*.

Quelques autres réagirent bêtement. Une en particulier, qui avait bien du mal avec l'altérité, eut cette phrase inoubliable : « Ça ne m'étonne pas, je ne me suis jamais entendue avec les lesbiennes. »

Un autre ferma les yeux, il prit mes mains dans les siennes et d'un ton plein de pitié il me dit : « Jennifer, je vais prier pour toi. » Le directeur du groupe se prêta à une métaphore macabre : « Ah, je vois. Bon... Que te dire... C'est comme pour la peine de mort : je suis contre d'un point de vue rationnel mais si un type tuait l'un de mes enfants, je le tuerais de mes mains. Tu comprends ? » Je traduisis : « Jennifer, je suis contre les homosexuels qui ont des enfants, mais bon puisque c'est toi je pourrais faire une exception. »

Au sein de nos familles, les choses mirent du temps. Les parents de Lucie absorbaient l'angoisse de leur fille, ils étaient notre *rempart*. Ils nous reprochaient le conservatisme dont nous avions fait preuve pour concevoir Jean, et dont nous devions aujourd'hui assumer les conséquences. Ils nous avaient mises en garde et nous n'avions pas voulu entendre. Ils étaient inquiets mais ils étaient là. Sur leurs épaules de parents aimants, nous faisions front aux *conflits irréductibles* avec le père de Jean.

À l'annonce de la grossesse de Lucie, ma mère traversa une phase de deuil intense et brève. Elle pleura beaucoup. « Je ne serai jamais grand-mère », me dit-elle. Je n'essayai pas d'expliquer. C'était inutile. C'était trop tôt. Le temps parlerait pour moi. Je lui promis seulement : « Ce sera bientôt mon tour, maman, fais-moi confiance. » Mon beau-père resta muet comme à son habitude mais il nous acheta un appartement et accueillit Jean dans sa maison comme le petit-fils qu'il n'avait pas songé avoir. Il lui consacra une chambre avec ses jouets, son lit, dans lequel il mit des peluches et de beaux rideaux rouges.

Les sœurs de Lucie restaient à l'écart. Chacune construisait sa vie. Marine était une jeune mère et une magistrate qui travaillait sans temps mort, Mathilde cherchait celui avec qui devenir mère. Je voulais oublier le cadeau de naissance qu'elle avait fait à Lucie. C'était le deuxième jour à la maternité. Je n'avais pas osé être présente lors de cette première rencontre de la famille de Lucie avec Jean. J'étais mal à l'aise, je ne portais pas la légitimité du sang. Mathilde aimait la photo autant que la peinture et avait pris une série de portraits noir et blanc d'elle avec Jean, de Lucie avec Jean, d'Héloïse et de Pierre avec Jean. Et une semaine plus tard, nous avions reçu un magnifique album de naissance duquel j'étais absente. C'était anecdotique, sans conséquence et sans arrière-pensées, mais cela faisait écho à la réaction de ma mère, à la gêne d'Héloïse lorsque, au cours d'une promenade dans les rues de la petite ville au bord de la Loire où elle s'était installée avec Pierre, nous avions croisé une voisine : « Je vous présente mon deuxième petit-fils Jean et… sa tante. »

Je me figurais qu'aussi longtemps que je n'aurais pas d'existence légale, je n'aurais pas d'existence tout court. Comme la femme avait longtemps été perçue comme un être à qui il manquait quelque chose, j'étais une négation : ni parent de sang, puisque je n'avais pas participé à la conception biologique de notre enfant. Ni parent adoptif puisque je n'étais pas encore reconnue par la loi, ni belle-mère, puisque j'étais là depuis l'origine et que j'avais désiré cet enfant avant sa conception, que je l'avais symboliquement, et même matériellement, accompagné. Pas un parent de substitution, de remplacement, pas un parent de chair, mais de pure intention, de pure volonté.

Au début, je me suis surtout sentie comme une immigrée arrivée illégalement sur le sol français. Sans papiers. Le père de Jean connaissait la situation inverse depuis sa première action en justice. Lucie et lui avaient reçu une convocation. Ce matin-là, dans le bureau du juge, *les parents légaux* eurent droit à une chaise, à un avocat. Et à la parole. Je devais rester derrière la porte, dans le couloir. Concrètement, c'était cela un *parent social.*

Je me repliais sur *nous trois.*

Jusque-là, j'étais restée en position d'observateur. J'avais voulu comprendre ce qui pouvait bien mouvoir les autres, tous les autres. J'avais étudié l'être humain sous tous ses aspects, cherché à comprendre, de façon très absolue, comment l'on devient quelqu'un, ce qui conditionne un goût, une inclination, une opinion, une représentation politique, religieuse, une crainte. J'avais le goût des autres, plus que celui des événements ou du pouvoir. J'avais le goût des petites histoires qui ne laissent pas trace dans la grande. À chacune de mes rencontres, j'essayais de rentrer à l'intérieur de l'expérience intime, j'essayais de voir avec d'autres yeux, d'être touchée. Sans le savoir, j'étais une phénoménologiste, je privilégiais *ce retour aux données de l'expérience avant toute considération théorique* ; je privilégiais la description du vécu ; le point de vue du sujet, son histoire personnelle, sa singularité.

Je n'ai rien sacrifié pour Jean, je n'ai renoncé à rien. J'ai seulement cessé de vouloir vivre les expériences des autres, vivre de leur mouvement, de leurs mots. Chacun sans doute progresse selon un rythme qui lui est propre. J'avais décanté, mûri, j'avais le sentiment d'être enfin moi, vivante, unifiée. Pour la première fois je n'étais plus sûre qu'il faille vivre irréconcilié. J'abandonnais naturellement la séduction comme mode premier de communication. Je partais moins souvent en reportage. Il était devenu primordial de me réveiller plus souvent que Lucie la nuit pour le nourrir ou le bercer ; de lui consacrer l'essentiel de ce que j'étais, de vivre dans *la pure immédiateté du donner et du recevoir*[1]. Il était devenu essentiel de voir mon fils sourire chaque matin, de l'emmener chez Jacques et Virginie, de rigoler avec lui sur le chemin, de le serrer contre moi quand il avait froid, de limiter mes déjeuners pour l'entendre pousser un cri en me voyant arriver

1. Martin Buber, *Judaïsme*, trad. M.-J. Jolivet, Verdier, 1982.

plus tôt que prévu, de m'asseoir sur un banc auprès d'Audrey, de l'entendre parler de lui avec d'autres nourrices, me glisser qu'il m'avait réclamée, m'engueuler de trop le couver. « Laissez-le tomber par terre. Laissez-le ôter seul sa veste. Laissez-le prendre tout seul son biberon. »

La vérité juridique est une chose, la vie, une autre. Je sentais que ma place inexistante du point de vue de la loi devenait impérissable, indestructible de par la force de ces petits actes quotidiens, de ma présence. Malgré le silence de la loi, je suis devenue parent. Pas un parent génétique, pas non plus un parent social. Un parent qui n'a pas besoin d'attribut. Cette première naissance a bouleversé ma vie. J'avais jusqu'ici occupé une place d'enfant dans l'ordre des générations. Jean a pris cette place et a fait de moi quelqu'un d'autre.

À sa naissance, j'ai commencé à comprendre que la vie prenait un autre relief quand on était là *pour la servir et non pour se servir soi-même.* Chacun selon ses aptitudes, chacun selon ses forces. Même si je n'avais pas biologiquement donné la vie à Jean, je la lui avais donnée par la force de l'intention qui impliquait entre nous trois une communion de destin, une forme d'alliance.

Cette naissance m'a reliée à la vie, à son mystère le plus intense, le plus fragile. Ce mystère est une négation beaucoup plus que je ne le suis. Il est ce que l'on ne peut nommer, ce qu'il faut taire mais à quoi il faut absolument garder une place. Ainsi, je me sens proche de ce courant philosophique et théologique, l'apophatisme, qui dépasse les particularismes religieux et envisage la Réalité ultime, originelle, *au-delà de l'être, de l'existence, de la manifestation.* J'aime imaginer qu'un *lieu* indéterminé puisse échapper à l'ensemble des déterminations et des personnalisations. À présent, ce lieu ne se confond plus avec le vide laissé par ce que je n'avais pu nommer, par ce qui m'avait été tu.

Plus exactement, pendant la *gestation* de Jean, j'ai accouché d'un point oublié de mon histoire. Souvent, le soir avant de dormir, je caressais le ventre de Lucie. Je réfléchissais en silence. *Qu'est-ce qui va changer ? À quoi va-t-il ressembler ? Il va bientôt naître… Et je ne sais pas ce que je vais lui transmettre de mon histoire.*

J'avais le sentiment de tout savoir, de tout connaître du côté de ma mère. Ces grands-parents-là m'avaient aimée. Ils avaient beaucoup donné. Mais leur vie avait toujours senti l'ordre, les serviettes bien pliées, les canapés en cuir qu'on change tous les dix ans, les petites économies cachées dans les armoires. Elle avait manqué d'air et de relief. Ma grand-mère avait eu une machine à coudre et un fer à repasser. Elle avait cousu, reprisé, rangé, nettoyé toute sa vie. Elle n'avait jamais su pourquoi elle avait accepté de tenir ce rôle-là, entre le lave-linge et le bac à vaisselle, elle qui avait tant aimé Beauvoir, elle qui avait tant aimé la vie active. À la naissance de sa fille, elle s'était volontairement enfermée sous le couvercle des bonnes mœurs. C'était comme ça qu'on faisait à l'époque quand on était de bonne famille, on cessait de travailler pour éduquer ses enfants.

Mon grand-père, lui, avait travaillé toute sa vie *dans le textile*, comme on dit à Saint-Étienne. Dans une de ces usines de tissu aujourd'hui transformées en musée. Enfant, il avait eu des rêves conformes à sa stature de géant. Il avait follement aimé le latin, la littérature, la politique, la peinture. Il n'était pas l'aîné et, à cette époque, *avant la guerre*, ne pas être l'aîné, c'était *naître* rien. Sa famille a pris soin de le lui rappeler toute son enfance.

Tu rapetisseras, mon fils.

Il était si grand qu'il devait se courber pour passer les portes, pour être à la hauteur des autres. J'ai souvent imaginé ce grand-père comme un ouvrier appliqué sur sa machine, jamais qu'un jour il avait pu diriger des hommes et des femmes. Il avait pourtant été directeur des ressources humaines de son usine de rubans. Lui qui rêvait d'un destin de normalien, d'écrivain, d'académicien, il était devenu chef du personnel.

À l'époque, on ne faisait pas de psychanalyse, on obéissait. On répétait. Il avait obéi, répété toute sa vie d'homme. Pendant la guerre, la Résistance il n'avait sans doute même pas osé y songer, il avait fait le STO comme la masse, comme tout le monde.

Ma grand-mère l'habillait de vilains mots. « Tu es un lâche. Mon père, lui, il a fait la guerre comme un homme. » Elle parlait de l'autre, celle de 1914.

Il ne répondait pas ou dans un soupir : « Mais oui, allez, je vais faire la vaisselle puis j'irai au jardin. »

Il aurait pu dire à la niche.

Toute sa longue vie a été un interminable renoncement jusqu'à la retraite finale. Il avait commencé à travailler très jeune. Seize ans ? Dix-sept ans ? On le laissa partir plus tôt que les autres.

« Bravo, Monsieur R., et merci. Bonne retraite à vous ! »

À cinquante-cinq ans, il a enfilé des chaussons écossais et il a rejoint cet appartement tout en longueur comme lui où il avait sans doute été conçu, où il était né, et où il allait maintenant mourir à petit feu. Il peignit quelque temps encore, puis ce fut terminé. Les chevalets, les pinceaux, les toiles ont gagné le grenier. Et le temps les a recouverts de poussière.

Que lui resta-t-il pendant les vingt dernières années de sa vie ?

Des plaisirs fugaces. Une bière fraîche en terrasse. Un bon repas à La Grenouille avec les copains. « Ne bois pas trop, hein », lui disait ma grand-mère sur le seuil de la porte. Il grommelait en descendant la poubelle et les vieux journaux.

Une certaine jouissance intellectuelle. Chaque matin, il lisait *Le Monde*. Chaque mercredi après-midi, *Le Canard enchaîné*. Il aima « Apostrophes » puis « Bouillon de culture », les romans de François Mauriac qui lui racontaient son enfance, son enfermement, la raison d'être de son rejet *viscéral* de la droite, de son engagement *viscéral* à gauche. Il aimait néanmoins Jean d'Ormesson, lui le tout-petit qui avait eu un destin à la hauteur d'un grand.

Il avait aussi sa fille, son trésor, et sa petite-fille.

Il me gâtait en secret. De bonbons cachés dans un tiroir de la remise, de sous. Il disait qu'il m'aimait *grand comme ça.* Il écartait les bras.

Il me montrait ses biceps, ses poings.

Ils n'ont jamais servi mais le jour où ils serviront, ça finira mal.

Il me montrait le poing américain caché dans un tiroir de la commode du salon et qui n'en est jamais sorti, le foot et le rugby à la télé, *La controverse de Valladolid*, *Pretty Woman* et *Sur la route de Madison.* Et il souriait comme un adolescent devant l'amour. Il était Clint Eastwood en larmes sous la pluie qui laisse Meryl Streep partir dans la jeep de son mari.

De l'autre côté de mon arbre généalogique, c'était la romance, c'était la bohème, et c'était l'ombre. Je n'ai pas le souvenir d'avoir vu ma grand-mère paternelle repasser une seule fois en vingt ans. Je n'ai jamais vu son évier ne pas déborder de vaisselle sale, je n'ai jamais vu non plus de machine à laver dans sa salle de bains ni d'aspirateur dans ses placards. Je crois qu'elle lavait ses vêtements à la main à la hâte. Je l'ai toujours vue manquer d'argent, manquer de son mari, manquer de son fils. Je l'ai toujours vue avoir mal au dos, à la vessie, au foie, au genou. Mais je l'ai toujours vue aussi habitée de souvenirs heureux. Et quand elle me parlait, c'était toujours en musique. Elle allumait son vieux tourne-disque et j'entendais sa voix grésiller. Elle chantait avec des trémolos dans la voix, comme dans les années trente. Elle baragouinait l'anglais avec un accent français infernal. Elle était comédienne, magicienne. Elle me montrait des centaines de pages noircies de son écriture illisible, c'étaient ses mémoires. Elle y racontait comment elle avait traversé des barbelés pendant la guerre, comment elle avait été une *espionne* et comment elle avait reçu une médaille après guerre. Elle me parlait de Piaf et de Trenet, qu'elle avait connus quand elle faisait la revue. Un cliché en noir et blanc la montrait descendant les marches de l'immense escalier d'une très belle villa de la Côte d'Azur. On devinait qu'elle les descendait en chantant avec ses longues jambes nues et de grands boas autour du cou. Elle avait été Miss Paris juste avant la guerre. Elle était le printemps, elle avait follement aimé la vie. Elle me disait : « Avec Fernand, on se couchait chaque soir en se tenant la main. Il était beau, il était élégant, il me plaisait tant. »

Je ne l'avais pas connu, il avait été distributeur de films, et il était mort en juin 1977, deux mois avant ma naissance. J'entendais ici et là des versions différentes de leur vie commune qui me laissaient penser que le mariage n'avait sans doute pas rendu la vue à ma grand-mère. Qu'elle avait su ne pas voir les infidélités présumées de son Fernand, qu'elle avait accepté son caractère ombrageux, infernal, la tyrannie qu'il semblait faire régner dans la maison, et dont son fils avait beaucoup souffert.

J'ai adoré ma grand-mère Lulu. Sa naïveté feinte ou réelle. Sa façon de vivre les émotions comme au théâtre. De grandes joies, de longs sanglots. Jamais de non-dits, pas de place au refoulement, à l'amertume. Elle illuminait tout. Elle est morte le 25 décembre 2000 comme elle avait vécu, sans résister, sans se révolter. C'était son heure. Elle l'a accepté avec grâce, cette fois sans sanglots ni violon, sans gravité.

Il était trop tard pour en savoir plus sur ce grand-père. Fernand. Je sentais qu'il y avait autour de lui une sorte d'énigme, un brouillard. Je voulais le dissiper avant la naissance de Jean.

Où était-il donc enterré ?

Je suis allée sur les pages blanches. Et j'ai tapé le nom puis le prénom de la sœur de Lulu. Elle vivait à Paris. Je l'avais croisée, rarement, dans mon enfance. Je lui ai donné rendez-vous au café Le Zimmer, place du Châtelet, à mi-chemin entre chez elle et chez moi.

Elle ne lui ressemblait pas. Ou si peu. Elle était

beaucoup plus jeune. Au moins douze ans de moins. Mais cette voix... c'était la sienne, c'était *ma* grand-mère. À travers Joséphine, quelque chose de Lulu, d'elle et de moi, était là, effleurait le présent, m'effleurait.

Ma tendre, ma si douce grand-mère. Tu me manques.

Je n'avais rien imaginé, je n'attendais pas grand-chose de cette rencontre. Peut-être une photo de mon père. Un souvenir auquel je n'aurais pas appartenu.

Et sans m'expliquer pourquoi, sans me laisser griffer par la nostalgie, j'ai tout de suite demandé à « la tante » :

« Mon grand-père, il venait d'où ?

— De Roumanie, ma petite chérie. »

Elle disait « ma petite chérie », comme Lulu. Elles devaient toutes deux tenir cela de leur mère ou de leur père.

« Et qu'est-ce qu'ils sont venus faire en Suisse, ses parents ?

— Je ne sais pas ma petite chérie. Je ne sais pas. Tu en poses des questions. Je sais juste que leur nom, ton nom, SCHWARZ, n'est pas ton nom d'origine, il a été changé. »

Entre-temps, elle avait commandé un morceau de saumon mi-cuit, du riz et des légumes. Je la voyais tracer avec le dos de sa fourchette des lignes et des angles droits dans son assiette comme pour ranger chaque grain de riz et chaque haricot vert à une place assignée. Ce déjeuner n'était pas près de s'achever.

« Oui, mais d'où en Roumanie, Joséphine ? »

Elle se souvenait vaguement du nom d'un village. Mais n'en était pas sûre. Je la laissai engloutir trois boules de glace au chocolat. Elle en avait encore au creux des lèvres quand je demandai l'addition. Je l'embrassai et la quittai précipitamment. Au journal, je me précipitai sur Google, je tapai nerveusement le nom du village. Il existait. Deux heures plus tard, j'appelais le directeur de la rédaction.

« J'aimerais beaucoup partir faire un reportage sur les derniers juifs de Roumanie pour le prochain numéro. »

« Fais ce que tu veux, je t'embrasse, je suis dans le train ! »

Quelques jours plus tard, j'étais dans un avion en direction de Bucarest où j'allais retrouver Mügür, un photographe roumain bavard et gentil. Ensemble, nous allions à la rencontre des derniers survivants juifs de la Seconde Guerre mondiale. Il en restait très peu en Roumanie. Ils étaient nombreux à être morts en déportation, à l'intérieur du pays, avant même 1942. Beaucoup avaient émigré en Israël. D'autres encore avaient été assimilés pendant la longue période de glaciation communiste. Dans le petit village de mon grand-père, je rencontrai un homme qui portait le deuxième prénom de cet aïeul inconnu : Salomon. Salomon me raconta son histoire. L'antisémitisme. La déportation sous Antonescu. La souffrance physique et morale sans limites. Et comment depuis le *peu* avait toujours été son plus grand ami. Sa femme était morte. Les larmes débordaient de lui sans honte, sans retenue. Je le trouvais beau, terriblement émouvant. Cette stature, ces mains de géant qui tenaient les miennes. Il vivait là désormais sans elle dans leur petit appartement qui semblait, comme celui de mon enfance, appartenir davantage à ses souvenirs, à ce temps passé, à des habitudes disparues, qu'à l'homme qui était assis, là, à mes côtés. Que lui restait-il ? Il avait transformé sa souffrance physique et morale sans limites en un chagrin et une tendresse infinis. Il me serra la main pendant tout notre entretien, la main, l'épaule. Il n'avait pas eu d'enfant. Il ne commentait pas, il ne pouvait pas. Soudain, il nous proposa d'aller au cimetière, à quelques mètres de là.

Le cimetière était peuplé de ronces, de feuilles mortes et d'herbes folles. La communauté n'avait plus assez d'argent pour l'entretenir. Au détour d'un de ces multiples chemins sans issue sous ce beau ciel d'automne, main dans la main avec Salomon, je découvris une tombe qui portait mon nom. Puis dans une autre allée j'en découvris une autre, puis encore une autre... et encore une autre...

Le soir, j'ai fait un rêve. J'étais soudain dans la tombe de mon père, très loin sous terre. Ce n'était pas un cauchemar. Il n'y avait pas de corps éteint mais des jouets d'enfants, les miens, une photo de femme, ma mère, et une bougie qui éclairait un morceau de papier sur lequel quelques mots hébreux avaient été inscrits. Je me suis longtemps souvenue du sens de ces quelques mots que j'ai mystérieusement oubliés un jour. Ce dont je me souviens parfaitement, c'est de l'immense émotion qui m'a étreinte en les voyant écrits en *hébreu*, avant même d'en comprendre le sens. Au même instant, à la surface, un cortège d'hommes et de femmes entourait la dépouille de mon père dans une église. Et je me réjouissais de ne pas être parmi eux. Je me réjouissais d'être sous terre avec ses secrets qui étaient désormais en partie les miens. Au réveil, j'ai compris que ce rêve était un retour à un point oublié. Oublié par d'autres et qui avaient oublié qu'ils avaient oublié. Jusque-là, la tombe de mon grand-père dans le cimetière juif de Veyrier, cet être énigmatique qui avait (dans la trame du roman familial) mal aimé son fils, était restée un non-lieu. Personne ne m'en avait jamais parlé.

À sa mort, tout un monde, toute une culture avaient été ensevelis. Mon père avait-il fait table rase ? Avait-il seul aboli, détruit ? Ou bien son ignorance, son inconscience avaient-elles été enfantées par les circonstances ? Il était né durant les derniers soubresauts de la Seconde Guerre mondiale. En 1944. Il était né annexé. Les siens avaient délibérément transformé leur nom, gommé des lettres. C'était avant la guerre, au moment de l'exil de Roumanie. Mon père n'était pas né apatride, mais exilé, annexé et gommé. Il ne savait pas. Il n'a jamais su que les circonstances et les conséquences engendrées par l'antisémitisme l'avaient rendu différent, *non pas différent des autres, différent des siens*[1].

1. Georges Perec et Robert Bober, *Récits d'Ellis Island, histoires d'errance et d'espoir*, P.O.L., 1994.

Il n'avait pas oublié, il n'avait jamais pu apprendre[2].

C'est juste avant la naissance de Jean que je suis sortie du non-lieu où avait vécu mon père et qui l'a englouti. L'espace froid et silencieux en moi, ce tombeau à secrets, est devenu habité d'objets et de lumière. Ne sachant rien de son origine et sachant tout, j'ai pu y mettre des bougies, des prières, une histoire, des histoires, un souffle. Je m'étais trompée moi aussi. Il n'y a pas de deuil impossible lorsque l'on poursuit, avec entêtement, quelque chose de ceux à qui l'on doit la vie. Alors, oui, on s'inscrit dans la chaîne des générations, on passe enfin le seuil de la porte. On devient vraiment humain.

Un jour, je ne sais pas bien quand, je n'ai plus eu besoin d'en faire plus que Lucie et je n'ai plus pleuré en pensant à ma négation juridique. C'est sans doute la sagesse du temps. Je me suis sentie tout à fait *légitime*, plus seulement auprès de Lucie et de Jean, mais aux yeux de tous. Où que je sois, quand la question se pose, je réponds désormais : « Oui, c'est mon fils. »

Les enfants refondent les liens que nous entre-

2. *Ibid.*

tenons avec nos propres parents. C'est connu. C'est *le* moment où les choses peuvent d'une certaine manière se réparer, du moins s'arranger un peu. La plus surprise de me voir *mère*, ou plutôt de voir *quelle* mère j'étais, fut ma mère.

Elle se figurait que sa fille, portée vers l'effort intellectuel, n'éprouverait aucun intérêt à la maternité, au soin de son enfant en particulier. Je n'avais, jusque-là, jamais été très impliquée dans la vie quotidienne la plus concrète. Je cuisine peu, je ne touche jamais un aspirateur, je ne repasse pas, je ne vernis pas mes ongles, je ne regarde pas la télé, je ne mange pas à l'heure des repas. Mon seul rituel invariable consiste à prendre un café chaque matin au comptoir d'un bar. Et pourtant j'ai tout de suite aimé *ça*. Ce nouveau cadre. Ces responsabilités quotidiennes. Cette vie rythmée, réglée. Je n'éprouve aucun ennui, aucune sensation désagréable de répétition à l'idée de baigner Jean, de prendre le temps de lui faire à manger, de le changer, de l'emmener au parc, de lui dire « Non, ne touche pas à ça, descends de là. Oui, vas-y, grimpe ».

Ma mère a sans doute aussi découvert que l'on pouvait être une vraie mère sans être une mère biologique et sans être même femme au sens où elle l'entend : qui aime la mode, les magazines féminins, la décoration d'intérieur et qui a besoin d'un homme pour tout le reste.

Elle reconnaissait même, enfin, qu'une femme au sens où elle l'entendait n'avait pas nécessairement de goût particulier pour la maternité, qu'il n'y avait pas de règle. Bientôt me dirait-elle peut-être qu'il n'y avait pas non plus de rôle assigné à chaque sexe ?

Quand je lui demandais quelle mère elle avait été, elle répondait : « Je ne me souviens plus, sans doute horrible. » Je savais qu'elle n'avait pas été une mère horrible ; je savais aussi qu'elle n'avait pas eu très développé cet *instinct maternel* que je nomme la tendresse.

Et la tendresse n'a pas de sexe, ni d'âge. Lucie et moi sommes deux femmes.

Quand nous faisons l'amour, nous sommes vraiment *deux femmes* conscientes de leur identité sexuelle. Cette identité commune, si elle nous empêche de *donner la vie* ne nous empêche pas de nous considérer comme un au-delà de nous-mêmes, *apparentées, désirables et jamais totalement compréhensibles*[3]. La différence sexuelle est néces-

3. Selon les termes de Gilles Bernheim, in *Mariage homosexuel,*

saire pour donner la vie, mais elle ne l'est pas pour découvrir *l'autre*, pour éprouver la transcendance, ni pour transmettre un modèle d'altérité humaine.

À moins de vivre dans une grotte, coupés du monde, les enfants qui ont pour parents deux hommes ou deux femmes connaissent, savent sans en douter de quel sexe ils sont et ils ne risquent pas de tout mélanger. Quant à la question des genres, ils en auront, comme chacun de nous, une perception, une conception singulières.

En tant que parents, nous nous comportons comme les autres parents de notre âge, comme tous nos amis hétérosexuels, nous oublions ces mots de *sexe*, de *genre*, d'*homme*, de *femme*, de *mère*, de *père*... Nos rôles respectifs ne se limitent pas à donner de la tendresse et à savoir en recevoir. Nous incarnons alternativement la douceur, l'amour, l'autorité, la fermeté.

Nos cosmogonies, nos émois, nos limites et nos lubies sont différents mais non concurrents. L'une est attachée à fixer un cadre, à laisser émerger la créativité, l'odorat, l'autre à développer le goût, le toucher, la réflexion, à transmettre une

homoparentalité et adoption : ce que l'on oublie souvent de dire, op. cit.

tradition. Lucie est une magicienne de la famille, beaucoup plus que je ne le suis. Elle tisse elle aussi un *rempart*. Sans qu'il m'apparaisse (le plus souvent) comme une *enceinte*.

J'essaie de ne pas penser à sa mort qui abîmerait la vie de mon fils, *nos liens*, et me séparerait aussi, peut-être, de lui. J'essaie de ne pas y penser, et j'y pense malgré moi chaque jour, chaque nuit. Pourquoi a-t-elle mal à la tête depuis quelques jours ? Il vient d'où ce mal de ventre ? Pourquoi veut-elle aller à vélo au travail ? Pourquoi ne fait-elle pas plus attention quand elle traverse ? Malgré moi, je suis attentive à chaque signe d'un éventuel déraillement de son organisme, à chaque acte qui pourrait préfigurer le drame.

Mes objets magiques sont des prières sans mots, un recueillement dans la nuit, les sons qui s'échappent de ma guimbarde. Dérisoires, ils sont pourtant ma seule force dans ce combat avec mes craintes nocturnes. Pourquoi faut-il toute une vie pour commencer à accepter que nous ne maîtrisons rien de notre mort ?

Dans ces moments d'anxiété, je dévore aussi les livres. *L'Empire du ventre*, de Marcela Iacub, m'a ainsi fait voir à quel point nous vivions dans le droit, à quel point nous étions *ses créatures autant que ses créateurs*[4]. Les catégories anthropologiques les plus élémentaires avec lesquelles nous pensons, explique-t-elle, sont juridiques : la filiation, la sexualité, la nationalité, la famille, l'État, les contrats… Et changer cette *chose* ne peut donc pas être un acte volontaire et instrumental banal. Avant elle et dans des termes proches, Pierre Legendre a posé une question passionnante : la loi est-elle un élément constitutif de l'identité et de la raison humaine ou le simple outil social d'ajustement de la demande d'un peuple ? Dans *Le Crime du Caporal Lortie*, il y répond très clairement. Selon lui, *la loi est ce qui raccorde l'humain et le subjectif à la loi de l'espèce*[5]. Autrement dit, la loi n'est pas un outil de gestion, mais un outil d'institution du sujet. Elle le précède et rend la vie possible. Elle institue la vie, elle est ce qui permet de faire tenir debout l'humanité. Le « noyau atomique » d'un État se cacherait donc dans son Code civil, il serait l'*échafaudage des filiations* qui donne vie à l'humanité, lui raconte l'histoire de ses origines et donc sa raison d'être.

4. Marcela Iacub, *L'Empire du ventre : pour une autre histoire de la maternité*, Fayard, 2004.

5. Pierre Legendre, *Le Crime du Caporal Lortie*, Flammarion, 2000.

C'est peut-être la raison pour laquelle le mariage et la filiation des personnes du même sexe, s'ils sont devenus intellectuellement pensables et pensés par un certain nombre d'entre nous, restent *émotionnellement inconcevables* pour tant d'autres. Parce que changer la réalité n'est pas un acte banal. Parce que revenir sur plusieurs milliers d'années d'histoire et d'organisation de la vie en société n'est pas anodin. Il n'est donc pas anodin non plus que les inquiétudes les plus fortes se soient focalisées sur le remplacement éventuel dans notre Code civil de certains termes par d'autres : « mari » et « femme » par « époux » ou « épouse », « père » et « mère » par « parent ». Nous touchions là à un « noyau atomique », à l'échafaudage même des filiations. C'est sans doute cet élément plus que tout autre qui explique le succès inédit de la Manif pour tous. Et le fait que des hommes et des femmes n'aient pas hésité à s'approprier, parfois dans un déchaînement de haine, le sens des mots mariage, famille et filiation, qu'ils soient descendus dans la rue pour défendre ce monopole, et aient cherché à empêcher d'autres individus, en tous points leurs égaux, de devenir parents.

La majorité de ceux qui ont défilé, lors de la première grande manifestation nationale, étaient inquiets. Le monde continuait de changer dans un mouvement perpétuel qu'ils ne comprenaient pas. Jusque-là, ils avaient pu, comme les trois singes de la sagesse, *ne rien voir, ne rien entendre, ne rien dire.* Maintenant, ils avaient les yeux ouverts et ils criaient leur angoisse. Si la conception des enfants ne nécessitait plus l'union charnelle d'un homme et d'une femme, ils pensaient que plus rien ne reposerait sur rien. Ils avaient peur que leur identité ne soit dissoute. Ils mélangeaient tout. Ce n'étaient plus les étrangers qui allaient leur voler leur pain, leur boulot, et peut-être leur femme. C'étaient les homosexuels, disons-le surtout les « pédés », qui allaient s'adonner à un commerce d'enfants, louer des ventres de femmes démunies, pratiquer l'inceste, la polygamie, détruire la civilisation... Ils ont donc pris des cars, traversé parfois la France entière pour faire cortège, et résister au monde tel qu'il va. Ils ont aimé ce bain de foule. Depuis la fenêtre, j'entendais les haut-parleurs crier place des Invalides. Depuis la fenêtre, je voyais les retardataires rejoindre leurs frères comme on va à la messe : en famille. Poussettes, parents, enfants agitant des drapeaux sans toujours en comprendre le sens. Heureux d'être ensemble, ils savaient qu'ils allaient retrouver là-bas les mêmes poussettes, les mêmes enfants, les mêmes parents. J'entendais les haut-parleurs porter une foule de jeunes adultes qui semblaient vivre ensemble une expérience unique. Je les ai vus préparer leur manif rue Lecourbe au printemps dernier comme on prépare un camp scout : on a seulement remplacé la vente des calendriers et des gâteaux faits maison par des sweat-shirts à l'effigie de papa, maman et leurs deux enfants.

Je les ai vus prendre goût à cette sensation de faire communauté autour de valeurs. C'était leur tour. C'était à eux de faire l'histoire. Et très vite, beaucoup ont perdu la raison. Ils ont oublié leur charité chrétienne. Ils auraient volontiers « cassé du pédé ». Ils devenaient inquiétants. Je croisais périodiquement cette entité psychologique particulière, irréductible aux gens qui la composent, la foule… Décomplexée. Hypnotisée, je l'entendais vociférer, en rose et bleu, des discours et des slogans de plus en plus irresponsables et tyranniques. Ils caricaturaient la garde des Sceaux sous des traits négroïdes, fessant un enfant à l'aide d'un Code civil, ils dessinaient une bombe sur le point d'exploser, sur laquelle il était inscrit « Mariage pour tous ». On s'étonnait parfois que l'Espagne et le Portugal, profondément catholiques, aient pu adopter, sans le moindre mouvement de foule, ce même mariage. C'était oublier qu'il y a si peu de temps, leurs peuples avaient tous deux connu le vrai sens du mot « dictature » et que leurs Églises avaient alors, au mieux, omis de se ranger du côté des justes.

Mal nommer les choses, c'est ajouter au malheur du monde, disait Camus. Je pensais à Jean. À ce que nous avions construit. Aux dégâts qu'ils étaient en train de commettre. Je me disais que, comme tant d'autres minorités avant eux, les couples de même sexe étaient tolérés tant qu'ils restaient aux marges, tant qu'ils ne convoitaient pas les mêmes places que les autres, tant qu'ils ne prétendaient pas ressembler aux autres, se fondre dans la masse des autres. Avoir des enfants, c'est exercer une autorité parentale, c'est avoir accès aux crèches, aux nounous, aux pédiatres, aux prestations de la CAF. Pire, à l'école. Pire encore, c'est entrer dans la chaîne des générations comme les autres, c'est pouvoir, comme les autres, se poser la question de la transmission. C'est intégrer une sorte de normalité. Et c'est cela le plus insupportable, cela qui les inquiétait, qui les terrorisait : demain allons-nous vraiment devoir vivre parmi eux ? Leurs enfants vont-ils avoir accès aux mêmes écoles que les nôtres et les pervertir ? Un jour, les nôtres pourraient-ils même se marier avec les leurs ?

Tout n'est que processus. Je pense ainsi qu'il n'y a pas en soi de bonne ou de mauvaise fiction familiale. L'important est que nos enfants puissent y adhérer. C'est l'enjeu de l'adoption, c'est l'enjeu de toute transmission. Ce n'est pas le sang qui coule dans ses veines, sa couleur de peau, ni le sexe de ses parents, qui font d'un individu une personne, l'inscrivent dans la chaîne des générations. Défendre cette vérité, celle du sang, celle de la seule biologie, la défendre jusqu'à l'aveuglement, c'est oublier ce que l'histoire juive, dans sa « continuité » idéologique, enseigne, de l'Espagne inquisitrice à l'Allemagne nazie ; c'est être du côté des bourreaux et ajouter un peu plus de malheur au monde. Avec l'avènement des tests ADN, qui permettent d'évaluer la filiation biologique de façon quasi certaine, les États devraient se pencher sur l'importance relative de la vérité biologique au regard de la stabilité de la famille et du bien-être de l'enfant. C'est dans cet esprit que, dans le Code civil suisse, par exemple, la présomption de paternité du mari ne peut être attaquée que par le mari lui-même, ou par l'enfant si la vie commune des époux a pris fin pendant sa minorité.

J'écris aujourd'hui comme une évidence ce qu'il m'a fallu des années à intégrer. Ainsi, au moment de la conception de notre deuxième enfant, je me suis retrouvée malgré moi face au même abîme qu'un an plus tôt. Je me trompais de chemin. Je pensais avoir changé mais, au fond, peu de choses avaient bougé. Je savais que des milliers d'enfants en France grandissaient déjà hors des sentiers de la double filiation, que la procréation médicalement assistée est autorisée – et même remboursée par la Sécurité sociale – si elle s'inscrit dans un projet de vie issu d'un désir hétérosexuel. Je savais aussi qu'avec des dons obligatoirement anonymes, les donneurs sont ensuite gommés de l'histoire de l'enfant pour établir un état civil certes mensonger mais conforme à l'identité des parents d'intention.

Je n'ai jamais cru que cette fiction construite sur un mensonge aidait particulièrement à grandir. Nous, nous n'aurions pas le choix. Nous serions tenues par un devoir de vérité envers notre enfant. Il saurait qu'un tiers a joué un rôle dans sa venue au monde. Un tiers qu'il ne connaîtrait pas. Et que je ne connaîtrais pas davantage. Le problème était là.

J'avais peur de ne pas savoir *qui* allait me faire ce don, à quoi *il* ressemblerait, de ne pas connaître ses goûts, ses traits de caractère, ses traits physiques. J'avais peur de cette part inconnue.

Notre ami François, lui, m'avait mise en garde de manière subtile.

« Je crois que les gènes sont porteurs d'une mémoire familiale de plusieurs siècles. Tout dans notre personnalité n'est pas acquis. Il y a aussi de l'inné. On appartient à une lignée. Une lignée de gens qui ont posé des actes. Tu portes leurs actes génétiquement. Tu vois, du côté de mon père, beaucoup de mes ancêtres étaient des compulsifs sur le plan sexuel. Du côté de ma mère, c'est une lignée cléricale, où la morale et les tabous étaient très présents. Je suis le résultat de ces deux influences, pas seulement en raison de mon éducation. »

Peut-être naissions-nous conditionnés. Non pas déterminés, mais conditionnés. François touchait un point fondamental. J'avais été rattrapée par *mes origines* à la naissance de mon premier fils alors même que l'on ne m'avait rien transmis.

Conditionnés.

J'éprouvais un chagrin diffus chaque fois que je songeais à une *insémination*. Le mot même m'horrifiait. Il sonnait *contamination*. Je n'arrivais pas à envisager la PMA comme une chance qu'offrait la modernité, je le vivais comme une défaite. Je vivais dans ce va-et-vient continu de mon esprit : *J'ai aimé un homme, pour son esprit justement. Je ne vais quand même pas en arriver à payer un inconnu dont je ne sais rien pour avoir un enfant.*

Un va-et-vient renforcé par un autre conditionnement reçu sous la forme de cette simple question : *A-t-elle été blessée par des hommes ?*

Même si les enquêtes menées par Alfred Charles Kinsey au tournant des années cinquante indiquaient déjà la variété des pratiques sexuelles des hommes et des femmes, même si, depuis 1990, l'Organisation mondiale de la santé (OMS) a retiré l'homosexualité de la liste des maladies mentales, aimer quelqu'un de même sexe est encore perçu comme l'expression d'une faille, d'un dérèglement. Quelque chose à un moment donné n'a pas fonctionné *normalement*. Mais quoi ? Et à quel moment ? Est-ce un *problème* génétique ? Est-ce un *problème* lié à l'identification au père ? À la mère ? Ou bien est-ce seulement l'expression d'un renoncement suite à trop de désillusions avec l'autre sexe ? Certains s'interrogent, brodent, imaginent, nous traitent comme un sujet d'étude. Souvent, je me suis sentie *un cas*. Souvent, j'ai eu l'impression qu'ils oubliaient que je pouvais simplement être *émue et attirée* par la peau d'une personne, son sourire, son humour, par son intelligence et même ses défauts. Ils oubliaient qu'il n'y a pas là de différences irréductibles. Que l'amour n'a pas de sexe. Je retombais dans leurs travers. Je renouais avec la crainte d'être exclue de la communauté, avec la culpabilité d'être telle que j'étais. Combien d'années faut-il pour entendre cette injonction du Midrash : *Que ton oreille entende ta bouche ?* La nuit, je rêvais de sexes masculins, de ce *phallus* qui traverse toute l'histoire de la psychanalyse. Le jour, mes instincts naturels me sommaient de choisir un homme pour qui j'avais éprouvé quelque chose, pour qui j'aurais pu éprouver quelque chose. Ils m'intimaient de me reproduire charnellement, de *faire l'amour*. J'ai imaginé coucher avec Sacha qui avait vingt ans. Sa beauté était intense. Il glissait sur l'existence avec une mélancolie pleine de distinction. Il était musicien, poète, il aimait la philosophie et il était amoureux d'une fille très brune, à l'intelligence plus éclatante que la sienne, très grande, très maigre et beaucoup plus égoïste que lui. Il avait envie de coucher avec moi, comme ça, sans doute pour lui échapper un peu, pour le plaisir de se découvrir. C'était facile. Il ne me poursuivrait pas, il ne saurait jamais.

C'est ainsi qu'ont fait des centaines de milliers de femmes pendant des siècles. Elles ont trahi un époux ou un amant ou bien les deux. Et elles sont devenues mères en suivant leur seul désir. Elles ont, pour un instant seulement, échappé aux griffes des familles, au joug des maris. C'était vieux comme le monde. Mais c'était du temps où les hommes et les femmes étaient assignés à des rôles bien délimités. Avant l'apparition des tests ADN. Avant la libération sexuelle, avant la généralisation de la contraception, avant l'égalité hommes-femmes. Avant l'ère de la conjugalité choisie, celle où l'on peut enfin s'unir pour raison d'amour, par contrat, et divorcer par désamour, en ayant chacun droit à quelque chose.

Avant cela, le seul attribut de puissance des femmes était leur ventre. Elles avaient ce pouvoir, immense et dérisoire, de choisir, dans le secret de leur cœur, le géniteur de leur enfant. Parfois, c'était par accident. Peu importe, de toute façon, puisque ce géniteur n'avait pas vocation à être père. Ce n'était pas le sperme qui légitimait le père, ni l'union charnelle dont il est tant question de nos jours, c'était la seule *présomption de paternité.* Le cœur du mariage n'était pas le couple mais la présomption de paternité[1]. La question de la réalité biologique était présumée mais surtout *incontestable* dès lors qu'un homme avait pris femme, qu'il était devenu son époux comme l'exprimait le principe de droit romain : *la mère est toujours certaine, le père est celui que le mariage désigne.* C'était le mariage et la mère qui faisaient le père. Mais depuis 1972, la présomption de paternité est devenue beaucoup plus facile à renverser. Désormais, ce n'est plus le mariage mais le sperme de l'homme qui suffit à faire de lui un père, en tout cas au sens de la loi. En 2005, toute distinction a même fini par être abolie entre la filiation *légitime* et la filiation *naturelle,* concept issu du droit canon. Que l'homme ait voulu l'enfant ou non. La loi l'ordonnait. La logique s'est inversée.

Les femmes ont gagné en liberté, les hommes, en traçabilité.

---

1. Allusion à la proposition de Jean Carbonnier. « Le cœur du mariage, ce n'est pas le couple mais la présomption de paternité. » Conférence sur le mariage, École nationale de la magistrature, 1er avril 1994.

À une époque où la biologie comptait si peu, peut-être aurais-je réfléchi à deux fois. Peut-être. J'en doute. Je ne sais pas. Mais j'appartiens à une époque qui sanctifie trop les liens du sang pour faire ça à Sacha. J'étais incapable de faire d'un homme qui n'en aurait pas été informé un père en puissance. Je ne me le serais jamais pardonné.

Je ne pouvais pas non plus demander à un ami. C'était donner trop de pouvoir à un tiers, c'était prendre trop de risques. *Dès qu'on sort du légal et des chemins battus*[2]...

Lucie se gardait bien de m'influencer, elle ne voulait pas me brutaliser, elle me laissait cheminer seule vers la décision qu'elle avait tout naturellement privilégiée depuis la naissance de Jean. Le philosophe Martin Buber avait raison : l'éveil, chez l'individu, compte, mais il ne trouve vraiment sa plénitude que lorsqu'on se donne en partage, lorsqu'on s'aide réciproquement. Un jour, je suis allée me confronter à un rabbin que je connaissais personnellement. Nous n'étions pas intimes. C'était quelqu'un de distancié et même de distant.

2. André Gide, *Les Faux-monnayeurs*, *op. cit.*

J'estimais son parcours, son raisonnement et ses défauts qu'il ne dissimulait pas.

Il ne voulait pas me faire plaisir, il disait seulement ce qui lui semblait nécessaire.

« Si vous avez recours à un donneur, certes ton enfant n'aura pas de père mais si tu l'ancres dans le judaïsme, il aura une communauté. »

Quelques semaines plus tard, un petit matin de janvier 2012, j'ai pris un train pour la Belgique. J'ai accepté de prendre le *risque*, j'ai accepté l'*inconnu*, l'idée que *le grand obstacle, c'est toujours la représentation et non la réalité*[3]. Mon ami François n'avait sans doute pas tort dans son intuition d'une « mémoire familiale » mais il oubliait que faire un enfant avec quelqu'un dont on est *tombé amoureux* comporte le même risque. Car on ne tombe pas amoureux d'une lignée, on ne choisit pas quelqu'un en fonction des actes de ses ancêtres. On n'échappe jamais à la transgénéalogie. La seule différence est que cette généalogie demeure plus questionnable. J'avais eu cette chance. Jean avait eu cette chance. Notre deuxième enfant ne l'aurait que de façon incomplète. On ne lui mentirait pas quand il serait en âge de comprendre,

3. Etty Hillesum, *Une vie bouleversée, Journal*, Points-Seuil, 1985.

on poserait les mots, on parlerait de ce tiers, de ce *donneur d'hérédité*[4], mais, en dehors de sa nationalité, nous ne saurions jamais rien de lui.

En France, l'adoption est permise à de vrais ou à de faux célibataires mais la loi leur interdit d'avoir recours à l'aide médicale à la procréation. C'est paradoxal, c'est contradictoire. J'aurais aimé le faire en France parce que les dons y sont gratuits. La levée de l'anonymat y demeure taboue et interdite, mais donner son sperme est comme donner son sang : un acte gratuit, un don de soi. Cela me semblait *essentiel.* Comme j'aimais l'idée de donner de son vivant sa moelle osseuse ou ses ovocytes à des inconnus, ou encore ses organes à la science à l'heure de sa mort, pour *sauver la vie,* j'espérais qu'un inconnu nous fasse ce don qui *donne la vie.* Et que cet acte soit encadré par la loi.

À Bruxelles, il faut payer. Le sperme réservé aux étrangères n'est pas belge mais danois. Et les donneurs danois sont rétribués. Qu'importe. Dans ce train en direction de la gare de Bruxelles-Midi, je me suis néanmoins réjouie. J'allais peut-être *tomber* enceinte. J'avais envie de cette chute. J'avais tout à donner.

4. Comme les désigne le doyen Carbonnier.

Il a suffi d'une fois. Ce fut un moment très simple qui ne prête à aucun commentaire. J'avais imaginé quelque chose de très médicalisé, mais non. En regardant la forêt qui apparaissait derrière les vitres de cette grande pièce lumineuse, j'ai oublié que je me trouvais dans un hôpital. Dix minutes plus tard, je repartais prendre le bus, le métro et le train en sens inverse, me disant qu'il n'y avait vraiment pas lieu de broder pendant des années sur les *enjeux* de la PMA pour les couples de femmes. Une seule question méritait qu'on s'y arrête. N'était-il pas temps de réfléchir à la question de l'accès à leur histoire pour tous les enfants majeurs qui le souhaitent[5] et pas seulement pour les enfants adoptés ? Pourra-t-on dès lors encore prétendre qu'on ne peut être pleinement les *parents* que si l'on passe pour les *géniteurs* ?

Enceinte, je n'appréhendais plus les notions de temps et d'espace comme une contrainte. J'étais disponible à chaque mouvement intérieur sans plus d'échelle de valeur ni de distinction entre le corps et l'esprit. Aussi attentive à *ses* hoquets, à *ses* coups de pied, aux bulles qui se formaient et

5. Lire à ce sujet Geneviève Delaisi de Parseval, *Famille à tout prix*, Le Seuil, 2013.

éclataient dans mon ventre, qu'à *ma* fatigue, *mes* rêves, *mes* intuitions, *mes* nausées, *mes* appétits, *mes* envies intenses de faire l'amour. Ce n'était pas narcissique au sens freudien du terme d'un stade à franchir, mais *plutôt un accompagnement durable de toutes les expériences profondément vitales*[6]. Aucune émotion n'était superflue, indigne d'intérêt. Chaque instant avait son importance qui me tenait au service d'un processus : la vie. Je ressentais qu'elle était *le principe*[7], elle qui me portait, j'acceptais de l'assister, d'être son médiateur.

C'est notamment dans cette expérience du *don de la vie* que l'on a toujours inscrit la différence entre les hommes et les femmes. On en tire mille conclusions : les hommes sont nécessairement plus chasseurs, plus belliqueux, plus portés à la conquête, plus sensibles aux honneurs, aux hochets. Que sais-je encore. C'était l'un de nos échafaudages, un de plus. J'avais déjà eu cette intuition de *servir la vie* à la naissance de Jean que je n'avais pas porté, à qui je n'avais pas *donné la vie*. Pourquoi un père serait-il incapable de porter cette intuition ? Pourquoi un homme ou une

6. Lou Andreas-Salomé, *À l'école de Freud, journal d'une année, 1912-1913*, Mercure de France, 2000.

7. Nicolas Grimaldi, entretien avec l'auteur, *Le Monde des religions*, n° 50.

femme qui ne seraient même ni père ni mère ne seraient-ils pas susceptibles de faire l'expérience de ce don de la vie en peignant, en écrivant, en soignant ? Pourquoi étions-nous toujours tentés d'essentialiser la femme, de la réduire à son *ventre* ?

Ces différences entre hommes et femmes ne sont pas irréductibles et la vérité appartient aussi à l'esprit. Comme on peut sentir *par l'esprit* que la vie est le principe et accepter ou non de la servir, on peut aussi la quitter par l'esprit. En ce sens, je me sentais proche des vieilles âmes plus que de leurs vieux corps. Comme elles, j'étais empêchée dans mes mouvements, un peu exclue, un peu en dehors mais ça n'était rien, ça n'était que passager. Nous étions surtout, elles et moi, aux deux extrémités d'un même principe. Tandis que mon corps était traversé par un surcroît de vie, celle-ci s'échappait imperceptiblement du leur. Ainsi pouvaient-elles accompagner elles aussi toutes les expériences profondément vitales ; et *butiner le visible pour le rendre invisible*[8]. Mais elles, contrairement au poète, ne pouvaient plus se croire une réalité, quelque chose qui existe pour soi-même et en soi-même. Elles ne pouvaient plus se révolter que pour autrui, s'indigner que pour le bien commun.

8. Citation de Reiner Maria Rilke

Dépossédées, abandonnées, *vulnérables*, les vieilles âmes deviennent *aussi peu que rien*[9].

Nathan est né neuf mois plus tard. Ses deux premiers prénoms sont juifs. Le troisième est celui de mon père, le quatrième celui du père de Lucie.

Comme pour moi à la naissance de Jean, le personnel de l'hôpital a traité Lucie comme n'importe quel parent. J'ai dû subir une anesthésie générale pendant les dernières minutes de mon accouchement. C'est donc naturellement à Lucie qu'on a présenté Nathan pour la première fois quelques minutes après sa naissance.

Il était notre deuxième enfant. Je crois que Lucie s'est tout de suite sentie *un parent légitime.* Discrètement, on lui a prescrit un arrêt maladie de plusieurs jours et installé un petit lit de camp à mes côtés pour cette première nuit.

Jean était gardé par ses grands-mères.

Nathan promet déjà d'être un homme grand, très fort, très *physique*, dit sa grand-mère Héloïse. Il a des cheveux blonds, drus, d'immenses yeux bleus, très joyeux et désarmants. Jean est long lui

9. Nicolas Grimaldi, entretien avec l'auteur, *Le Monde des religions*, n° 50.

aussi, *tout en creux*, selon Audrey, notre nourrice. Il a de l'allure, et même de l'élégance. Le cheveu châtain, très fin, l'œil plus mélancolique, des lèvres généreuses, les dents du bonheur comme Lucie. Ces deux enfants n'ont pas le même sang mais respirent le même bonheur. Ils rient des mêmes choses. Ils sont tendres entre eux, avec nous comme avec ceux qu'on aime. Ils ne se ressembleront jamais physiquement. Ils se ressemblent pourtant terriblement, comme tous les frères. Ils froncent les sourcils gravement les mauvais jours. Ils ont cette façon assommante de sautiller et de rire très fort pour communiquer leur joie. Ils ont la même impatience, la même curiosité des autres, cet élan à être en lien, sans cesse.

Ils ont, depuis toujours, la certitude d'appartenir à la même famille, et cela suffit à convaincre ceux qui ne voudraient pas comprendre.

À travers eux, nous voyons celles que nous avons été il y a bien longtemps maintenant. Plus de trente ans. On dit que l'on oublie les premières années de nos enfants. Leurs premiers gestes, leurs premiers mots, leurs premiers pas. Très vite, ils sont remplacés par d'autres souvenirs, d'autres premières fois. La mémoire ne peut les contenir tous. Elle fait son tri, garde peut-être ceux qui aident à penser, à grandir, à construire un héritage. Que restera-t-il de nos premiers mois à tous les quatre dans trente ans ? En me montrant optimiste, je peux dire que nous en serons Lucie et moi aux deux tiers de nos vies. Jean ne gardera pas grand souvenir de la rue de Sèvres, de mes milliers de caresses et de baisers, sur ses pieds, dans ses cheveux, sur ses mains. Je n'oublierai pas les premiers sons sortis de sa bouche, ses premières vacances à l'île d'Oléron, son premier bain de soleil, sa première fois dans l'océan, sur un vélo harnaché derrière moi. Je n'oublierai pas ses premiers pas, les bras virevoltant fièrement dans l'air du grand salon de notre atelier d'artiste. Je le reverrai toujours marcher, tanguer de l'une à l'autre, je n'oublierai pas nos promenades tous les deux, main dans la main, dans les plus beaux jardins de Paris, les premières fois qu'il m'a nommée *maman*, l'odeur de sa peau au réveil, ses premiers mouvements vers son frère, pour le faire rire.

Je n'oublierai pas mon accouchement. Il y a aussi un avant et un après cette douleur universelle et sans équivalent. Je n'oublierai pas comment ma mère s'est sentie grand-mère avant même que je me sente mère. « Comme il est beau », a-t-elle dit. Elle fut la seule à le dire au début et sans doute la seule à le penser. Je n'oublierai pas comment j'ai vite adoré aussi son odeur à lui, combien j'aime l'embrasser derrière l'oreille au commencement de sa nuque, combien j'aime sa peau ambrée, son sourire, les petits plis de ses cuisses, sa façon de s'endormir en tournant nerveusement la tête de droite à gauche, de gauche à droite, sa façon de m'attraper les joues en me fixant du fond des yeux.

Je n'oublierai pas sa circoncision.

« Mais enfin c'est barbare, ne faites pas cela. La circoncision du cœur ça suffit », avait dit François le bon chrétien.

J'avais aussi entendu : « Ne fais surtout pas cette erreur, c'est castrateur. Contente-toi de lui donner une identité marrane. »

Nathan a été circoncis contre leur avis, contre l'avis de tous ceux qui ne comprenaient pas la portée de ce geste, cette *obligation de la coupure.*

Je me répétais *L'inépuisable vitalité de ce peuple dépend de sa capacité de créer un avenir par la puissance spirituelle de sa mémoire*[10].

Ses deux parents, son frère, sa marraine étaient là. Son « parrain » le *Sandak* aussi, qui lui tenait les jambes.

Ce fut un moment *inouï pour toujours.*

Il n'y avait pas là de père comme dans la tradition, comme on dit, pour séparer symbo-

10. Maxime Gimenez, *La Paix, la joie sans mélange d'être en vérité,* Le Cerf, 2011.

liquement l'enfant de la mère. J'ai prononcé moi-même les mots qui allaient permettre à Nathan *d'appartenir, d'être lui aussi un héritier.* Ce n'était pas pareil, ce n'était pas identique, mais c'était de même valeur. C'était à la fois la violence et la civilisation. Cette ambivalence fondatrice. Car c'est la coupure qui nous fait vivre. Si l'enfant restait dans le ventre de sa mère, il mourrait. Sa mère aussi. Il n'y aurait tout simplement pas de vie. C'est la coupure qui permet de dire : cela est un être et cela en est un autre. Je m'autorise une interprétation créatrice de sens et préfère considérer l'exigence juive de séparation en ces termes plutôt que comme un impératif de non-confusion des genres. Tous nos choix sont par ailleurs autant de séparations d'avec ce que nous aurions pu faire et être à la place.

À la racine des « vraies conversions » on retrouve l'inquiétude d'un esprit qui a gardé le pouvoir de se démentir et par conséquent de se renouveler[1]. À gauche de la rivière aux eaux bourbeuses qui prend sa source dans la combe de la Balme et va s'échouer dans le Rhône, accolé au petit ruisseau clair et pur se dresse un chalet *au toit soigneusement couvert de bardeaux polis par la pluie*[2]. C'est la maison de ma mère. Dans le salon du bas, en face de la cheminée monumentale, recouverte de bois et habillée des cornes d'un animal inconnu, les portraits de Jean, de Nathan, ont trouvé une place près de celui d'Antoine, mon grand-père maternel. Pour la première fois, ma mère a traversé le long hiver sans souffrir du brouillard,

1. Vladimir Jankélévitch, in *Le Désir de conversion* de Catherine Chalier, Le Seuil, 2011.

2. Ramuz, *Derborence*, coll. « Les Cahiers rouges », Grasset, 1934.

du froid, de la neige, de l'isolement. Elle est grand-mère de deux enfants. Elle a parcouru un long chemin en cinq ans. Le réel a été plus fort que toutes les constructions de son esprit. Elle a accepté d'attester juridiquement de son lien et du mien à Jean. Elle *s'implique* très concrètement en tant que grand-mère.

Elle a même commencé à s'attacher à Lucie, qu'elle peut présenter à ses amis. Parce qu'elle est féminine, élégante, *de bonne famille.* Parce qu'elle prend soin des autres.

Cette surface-là lui suffit. La légèreté, la détente, la fantaisie, le rire. Voilà ses points d'appui.

Longtemps, j'ai cru que l'état d'*impréparation intérieure* de ma mère l'empêcherait, si un drame survenait, de trouver en elle-même *ses sources profondes de résistance*[3]. Je ne savais pas que face à la *perte,* ma gravité ne vaut pas mieux que sa légèreté. Elle est son objet magique au même titre que mon questionnement et mes prières nocturnes sont mes talismans. Nous sommes tous égaux et nus devant la mort ; sans réponse et sans savoir, parfaitement démunis.

Longtemps, je n'ai voulu ressembler qu'au père, ce personnage aujourd'hui plus imaginaire

3. Etty Hillesum, *La Paix dans l'enfer,* Points-Seuil, 2013.

que réel. D'elle, je ne voyais que ce qui semblait manquer, ce qu'elle m'avait ôté. Je ne faisais pas l'effort d'imaginer la petite fille qu'elle avait été. Aujourd'hui, je sais que son goût pour la lumière et la transparence des rapports, son *honnêteté* me constituent autant que l'ombre portée par mes ancêtres paternels. Je suis un point de confluence entre ces tendances, un rapport de forces permanent.

Elle a fait ce qu'elle a pu. Elle fait ce qu'elle peut. Comme je le fais. Je ne doute plus de sa fidélité. Je ne doute plus de sa force intérieure. Je ne crois plus que ceux qui cherchent à donner du sens soient plus forts que ceux qui se contentent de vivre.

Au travail, comme en famille, Lucie refuse la violence des conflits. Le rapport de forces ne l'intéresse pas. Son visage, la douce plénitude qui en émane, ne ment pas : Lucie n'a pas peur de vieillir ; elle imagine l'âge mûr comme le point culminant de son existence. Là où d'autres ont si peur de se faner, de voir disparaître et leur beauté et leur force et leur intelligence et leur indépendance, Lucie ne se crispe pas, elle n'a pas peur de perdre. Elle a souvent éteint, par sa seule présence, le feu des rapports que j'entretiens avec ma mère, elle a désamorcé nos mécanismes de défense archaïques, nos susceptibilités réciproques, elle a modulé nos échanges, elle nous fait du bien. Avant de mourir, le compagnon de ma mère a un peu goûté à ce nouvel équilibre. La paix relative. Longtemps, je l'ai seulement surnommé *le copain* de ma mère. C'était un être dépouillé, sans oripeaux, dont le caractère avait été sculpté par son milieu naturel, la pierre et le bois envahissant tout, l'écho des rivières, des torrents, la vue des glaciers qui occupent les dépressions jusqu'en bas de la vallée, la verticalité radicale et silencieuse des massifs qui enserrent la plus haute montagne d'Europe occidentale. Il ne faisait jamais preuve de cette *cruauté ordinaire* qui nous constitue tous un peu. Il ne portait pas de jugement, ne riait pas des autres en leur absence. Peut-être est-ce parce qu'il a toujours vécu là, mille mètres au-dessus d'eux. Ses montagnes sont ce lieu qui ne va pas sans piège et sans abîme, où l'on ne meurt pas comme à la ville ; où l'on n'a pas besoin du grand âge pour se savoir *aussi peu que rien.* Il n'est pas rare qu'elles arrachent un enfant, un frère, une sœur, un amour. La mort se fait chute. Faux pas. Accident. Derrière leur masque minéral et glacé, elles apprennent aux hommes à mourir et fait ainsi d'eux des *humains.*

L'*homme* n'y est pas plus homme, pas plus puissant qu'à la ville. Il n'est pas Rod Taylor dans le film *Les Oiseaux* qui par sa force physique sauve ses « femmes » de l'assaut de volatiles transformés en bêtes sauvages et intrusives. Plus petits, plus écrasés qu'ailleurs, plus souvent confrontés à la mort *qui ne fait pas sens*, les hommes auxquels Marcel appartenait semblent seulement avoir moins qu'ailleurs besoin de maquillages, de costumes, d'habits de scène, d'estrades. À chaque disparition de l'un des leurs, pas besoin de payer des costumes noirs pour transporter le cercueil. Les amis sont là. Ils savent. Ils connaissent. Le temps d'un office, le temps d'une marche solennelle de l'église au cimetière à l'entrée du bourg, ils font oublier au monde la rivalité des hommes. Dans l'épitaphe, sur les tombes, on retrouve parfois les lieux de l'accident : les Grands Montets, l'Aiguille noire de Peuterey, la verte, les Courtes, les Grandes Jorasses, l'arête des Papillons ; et des reliques, un piolet, une corde, des skis. Qu'on la gravisse ou qu'on vive à son contact, la montagne, comme l'océan, implique presque naturellement une ascèse intérieure, elle fait sans cesse se rappeler que *le moi est un presque rien, comme une vague, que l'on voit se former, enfler et cependant qui n'existe pas*[4]. Marcel était de cette terre-là. Je me souviens

4. Entretien de l'auteur avec Nicolas Grimaldi, *Le Monde des religions*, n° 50.

de lui, partant en course les bras nus, un sac à dos à la main. Il n'y mettait rien : ni pull ni téléphone, pas de veste imperméable, pas une goutte d'eau. Une pomme seulement. Je savais alors qu'il allait grimper la pente raide jusqu'à épuisement, jusqu'à la tombée du jour, sans suivre de chemin balisé, et rapporter des chanterelles quand la saison s'y prêtait. Ses mollets et ses cuisses disaient sa force, l'effort, la contenance. Il était la constance et le calme. Il était celui qui ne se racontait pas. Et il est parti sans que je sache rien de son enfance, de ses parents, de ses sentiments, de ses projets. Jean et Nathan l'aimaient. Avec eux, il est devenu mon *beau-père* et leur *grand-père.*

Avec Nathan, je découvre enfin le lien biologique. Est-il différent du lien que j'ai noué avec mon premier fils ? Oui et non. Non, il n'est pas différent. Je les aime de la même façon. L'espace qui leur est consacré en moi s'est transformé en steppe mongole. Il est infini et ne souffre aucune limite. Oui, il est différent dans le sens où si Jean et Nathan font grandir en moi la même joie, ils n'éveillent pas nécessairement les mêmes questionnements, ni les mêmes inquiétudes.

Par la force des choses et avant la plupart des autres parents, j'ai dû apprendre avec Jean que nos enfants ne nous appartiennent pas. Les moments partagés avec eux sont parmi les pierres de leur maison mais ne la constituent qu'en partie.

Il peut sembler naturel de se dire en voyant un grand garçon de dix-huit ans qu'on a aidé à grandir : *J'ai vraiment envie qu'il mène sa vie, qu'il quitte la maison. Qu'il devienne ce qu'il est.*

Mais il est beaucoup moins évident, beaucoup moins naturel, de se dire face à un enfant de deux ans et demi qu'on élève depuis sa naissance :

Si sa mère biologique mourait ou me quittait, je serais, comme son frère Nathan, sans doute séparée de lui, sans droit de visite.

Si un jour, il se blessait gravement en jouant, je n'aurais pas le droit de décider de le faire opérer.

Si un jour, je voulais l'adopter, on aurait le droit de me dire « Non Jennifer, c'est impossible ».

Si j'avais envie de lui transmettre ma culture, on aurait le droit de me dire « Non Jennifer, je te l'interdis ».

Si un jour, je voulais simplement signer son carnet de correspondance scolaire, on aurait le droit de me dire « Non Jennifer, je m'y oppose ».

Avec Jean, je suis quotidiennement renvoyée au silence de la loi, au bon vouloir des parents légaux, à cet arbitraire qui pourrait *me détruire*, à la vulnérabilité de tout lien, de tout amour.

Avec Nathan, les places de chacun seront claires et protégées. Nous nous sommes mariées. Bientôt, grâce à cet acte civil si essentiel, nous serons Lucie et moi dans une égalité de droits et de devoirs vis-à-vis de Nathan. Au terme d'un jugement d'adoption qui prendra en compte l'intérêt de l'enfant, Lucie va, si le juge lui accorde ce droit[5], adopter Nathan de façon *plénière* selon notre volonté et celle du législateur. Et en cas de séparation, ce sera le droit commun qui s'appliquera. Aucune priorité à la mère biologique n'étant prévue par la loi, il n'y aura plus d'arbitraire. Son lien à Nathan sera aussi irréfragable que le mien. Nous serons légalement chacune son parent. Et Nathan deviendra enfin légalement le frère de Jean.

La conception purement biologique, organique de la filiation ne sera bientôt plus qu'un modèle (dominant) parmi d'autres. Mais le tabou de la place des tiers, la question *inquestionnable* restera entière. Nous parviendrons sans doute à combler la *pénurie symbolique* qui entoure la PMA. Nous mettrons des mots, de jolis mots.

---

5. Le juge peut le refuser sans risque de sanction, hormis de voir son jugement infirmé en appel.

Un jour, quoi que nous disions, quoi que nous fassions, Nathan voudra savoir.

Comment est-il ?

Est-ce qu'il est comme moi ? Est-ce que je lui ressemble ?

Il fait quoi dans la vie ?

Un jour, il sera curieux de lui. Un jour, il se demandera : *N'a-t-il été qu'un transmetteur d'ADN ou bien m'a-t-il aussi transmis quelque chose de sa personnalité ?* On lui répondra que nous ne le connaissons pas mais que nous savons avec certitude que son don était un *acte purement positif*, que grâce à cet homme, nous avons agrandi notre famille, transmis notre amour. Que ce n'est pas son histoire à lui, Nathan, mais *notre histoire* à tous les quatre, Lucie, Jean, Nathan et moi.

Nous la porterons tous ensemble.

De mon côté, je ferai ce qu'il faut pour tenter de lui éviter une quête sans fin et sans véritable objet de son histoire, pour l'aider à mettre en intrigue son passé, à façonner son identité d'homme, sa propre légende familiale, personnelle. Je ne sais pas encore tout à fait comment mais nous trouverons.

L'adulte perçoit le plus souvent ses enfants comme un prolongement de lui-même. J'essaierai d'être attentive à ce que Nathan et Jean échappent à mes projections et à *mes* projets pour eux. Il faut se méfier de ces projections narcissiques qui ne se confondent pas avec la transmission d'un goût, d'une culture ou d'une tradition, qui au lieu d'élever enferment dans un déterminisme.

Dès la naissance, Nathan et Jean n'y ont pas échappé. « Bébé, Jean est aussi mou que je l'étais », disait Lucie.

À propos de Nathan, ma mère a tout de suite déclaré : « Quand il sourit, regarde, il y a un air de ton père. »

« Il a de l'embonpoint, des cheveux clairs, des yeux bleus et immenses. C'est un Schwarz. »

Et la mère de Lucie : « En tout cas, ce n'est pas un Bassen. »

Lorsque Nathan a eu six mois, j'ai reçu par la poste des photos de mon père envoyées par la fille de la cousine germaine de ma grand-mère. Je l'avais croisée, dans mon enfance, une seule et unique fois à un déjeuner familial. Puis elle était réapparue quelques jours seulement avant mon accouchement. Elle voulait me transmettre une vidéo de mon père et moi *avant* la maladie, prise pendant ce déjeuner de famille dont j'avais tout oublié à un détail près : j'avais fait ce jour-là du tir à l'arc pour la première fois. Je ne cachais pas ma joie de le retrouver tel qu'il avait été, tel que nous avions été et tel que je l'avais malgré moi oublié. Il fallait qu'elle se presse. Deux jours plus tard, je recevais la vidéo en format V8. Je courus au magasin la transformer en DVD. Je suppliai le vendeur qui voulait me faire attendre quatre interminables jours. J'allais accoucher, c'était urgent. Il accepta. La scène de tir à l'arc était intégralement restituée mais la vidéo n'avait pas été prise *avant*. Elle avait été prise *pendant*. Aux débuts de la maladie. Personne ne me rendrait mes souvenirs disparus. Je me consolai en me disant qu'aucune image ne rendait la vie. J'avais en partie tort. Car six mois plus tard, lorsque je reçus les photos d'*Éric* – j'aimais qu'elle l'appelât par son prénom – je retrouvai un peu de son mystère. On le voyait poser avec la précieuse cousine toute jeune fille dans un parc de Nice. Il avait quinze ans, un corps très sec, en pleine poussée de croissance, tout en force musculaire, encore mal assuré, le torse moulé dans un pull sombre au col en V et qui laissait légèrement apparaître le commencement de sa poitrine d'adolescent. Je retrouvais l'élégance qui avait toujours été la sienne, un trait distinctif. Plus remarquable encore : ce regard et cet air obscurs auxquels je n'avais pas suffisamment prêté attention sur nos photos de famille. Posait-il ?

Sûrement. Mais je sais aujourd'hui qu'ils exprimaient tout de même une gravité excessive. Sur les clichés, les miens sont souvent empreints d'une grande douceur qui fait dire à ceux qui m'aiment : « On ne peut rien te refuser quand tu demandes quelque chose avec ces yeux-là. »

J'avais gardé cette expression de la petite enfance. Elle ne m'avait jamais quittée, elle s'était seulement teintée d'une petite pointe de mélancolie. Je regardai longuement chacune des photos avec Lucie. En me demandant quel tourment exprimait ce regard. J'observai chaque détail. L'endroit précis où il avait tracé la raie de ses cheveux, la taille de ses pieds, la disposition de ses mains. Puis je feuilletai d'autres images ; au milieu d'elles, la cousine avait glissé une photo très particulière. Inattendue. Je l'avais vue toute mon enfance, accompagner ma grand-mère au-dessus de son lit. C'était une photo où Lulu apparaissait dans toute sa féminité, avec de longs cheveux noirs hissés et maintenus par de discrètes barrettes, la joue gauche collée au crâne de son fils en appui contre son sein. Mon père avait tout juste huit mois et de belles boucles dorées.

Je la regardai longtemps. Je la reposai, la regardai à nouveau, puis la pris en photo pour la garder près de moi sans l'abîmer. Il avait l'expression, certains traits et, plus spécifiquement, le regard de Nathan.

« On sait maintenant d'où viennent les beaux yeux de ton fils », m'a dit Héloïse avec délicatesse.

C'est certain. Ils sont plus rieurs, bien moins inquiets, mais il tient ces yeux de son grand-père. Même si je souhaite qu'il soit tout à fait lui, tout à fait singulier, avec Nathan, quelque chose de mon père a survécu au-delà des récits et des souvenirs. Il lui ressemble. J'en suis heureuse mais je m'efforce de ne pas pousser plus loin le jeu des ressemblances. J'aimerais surtout parvenir à transmettre à nos deux fils cette part impalpable de mon père, cette culture presque engloutie qui n'a pas pu être gommée et qui renaît doucement.

Grâce à Jean et à Nathan, mon lien de filiation a connu une forme de résurrection. Je le remarque à l'aisance avec laquelle j'évoque désormais la mémoire de mon père.

Jusqu'à eux, je me l'interdisais, je ne voulais pas l'abîmer de mots.

« Nous avons tous un double fond. C'est ta part secrète », disait le parrain de Nathan.

Quand, par malchance, son nom surgissait dans une conversation, j'avais la sensation qu'on ouvrait sa tombe, que l'on profanait sa mémoire.

« Je me souviens, ton père... », disait souvent

ma grand-mère maternelle, répétant inlassablement les mêmes épisodes qui finissaient toujours par : « Tu es bien comme lui, toi. »

Elle avait oublié qu'elle avait oublié... qu'elle avait disparu, comme tous les autres, pendant sa maladie.

Longtemps, je n'ai pas pu revenir dans la ville de mon enfance sans éprouver une tristesse opaque et qui jetait la nuit sur chacun de mes sens. Genève était le lieu où je ne pouvais me recueillir. Elle était, tout entière, déchéance, errance, absence. Je ne voyais plus qu'elles dans les rues, les cafés, sur les rives.

Longtemps, je n'ai autorisé personne à s'approprier le souvenir de mon père. Les autres n'avaient qu'à se taire, ceux-là qui n'avaient pas été là pour lui. L'univers entier n'avait qu'à se taire. Je me voulais sa seule mémoire, son unique dépositaire.

Dès qu'ils ouvraient la bouche, mon malaise envahissait l'espace et imposait le silence à chacun. Sauf à ma grand-mère, sa mère. Pendant sa maladie, elle avait choyé ce fils unique avec plus de dévouement que lorsqu'il était né. Elle avait partagé tous ses tourments d'homme malade, d'homme blessé, elle avait partagé sa vulnérabilité. *Elle avait été sa mère pour toujours.* Sans dire un mot, je venais souvent 33, rue de Moillebeau, au

Petit-Saconnex, me réfugier dans ses bras avant sa mort. Elle me caressait les cheveux, longtemps, elle me murmurait des airs de son enfance. Elle sentait bon, elle avait la peau douce. Je n'aimais pas l'écouter parler de son fils qu'elle aussi appelait *Éric.* Mais je savais qu'au contraire de tous les autres, elle en avait besoin pour continuer à vivre. Elle parlait pour *le* garder vivant. Elle était la tendresse et la vie.

Son immeuble miniature et décati a été détruit. Je l'ai appris dans les journaux. Aucun des autres lieux de mon enfance n'a bougé. De nouveaux bâtiments sont sortis de terre mais les anciennes pierres n'ont pas été détruites. Tout est resté tel quel. Qu'a-t-elle fait, qu'a enfanté *ma* ville pendant tout ce temps ? Ces douze dernières années, je me suis beaucoup éloignée, beaucoup transformée. Aujourd'hui, lorsque je m'y promène, je peux enfin éprouver du plaisir et ressentir la présence diffuse et intime de mon père. J'ai vécu différents *actes de naissance.* Je ne suis plus seulement la famille d'où je viens, mais aussi celle que nous avons construite. Les familles s'agrandissent ou bien s'éteignent. La mienne est bien vivante, avec des enfants, une femme, des neveux, des oncles, des tantes, des grands-mères, des grands-pères. C'est banal, c'est le quotidien de millions de familles. Même si je reste *un jeu de forces qui proviennent de beaucoup de lieux et de temps*[6], je ne me sens plus habitée de silences encombrants. Il n'y a pas lieu de s'inquiéter : le mariage entre personnes du même sexe ne risque pas de détruire la filiation. En dehors de la négation juridique, un seul processus la détruit et la détruira encore : la mort. Et encore. Avec mes enfants, par la chair et par l'esprit, je me sens reliée à mon père, à mes ancêtres. Comme à tous les vivants.

Il n'y a plus lieu d'être malheureux.

---

6. Élisabeth de Fontenay, *Actes de naissance*, Le Seuil, 2011.

Remerciements

Merci à Antoine Strobel-Dahan, mon premier soutien, mon premier lecteur.

Merci à Dominique Atmane, Christophe Barbier, Lionel Bordeaux, Mikael Corre, Mélanie Déchalotte, Geneviève Delaisi de Parseval, Macha Fogel, Delphine Horvilleur, Thomas Prouteau, Corine Sombrun et Emmanuel Todd pour nos échanges stimulants, pour leur bienveillance.

Merci à Thierry et Yvelise, les inséparables. Merci à Julie.

Cet ouvrage a été imprimé en France par

CPI
BUSSIÈRE

à Saint-Amand-Montrond (Cher)
en janvier 2014

Composition réalisée
par Rosa Beaumont

N° d'édition : 53585/01 – N° d'impression : 2007478
Dépôt légal : février 2014